Maximen der Lebenskunst
- Schätze für mein Glück -

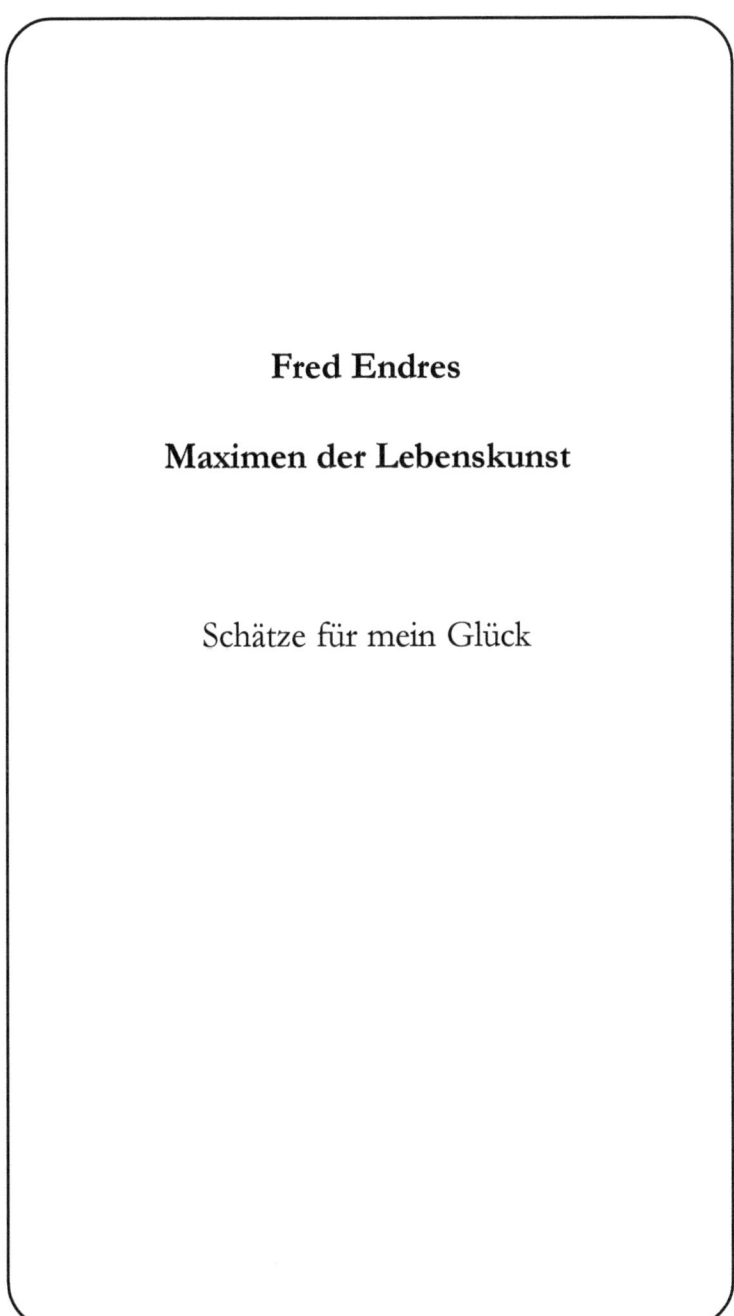

Fred Endres

Maximen der Lebenskunst

Schätze für mein Glück

Alle Rechte vorbehalten
Schrift. Garamond 11
Umschlagentwurf: Werbeatelier Kämmer, Leutkirch
Herstellung und Verlag, Books on Demand GmbH
Printed in Germany 2004

ISBN
3-8334-0409-4

Inhaltsverzeichnis

Maximen	Mit Zitaten von	

Vorgeschmack

Nach *Maximen der Liebe* und *Maximen der Nähe* präsentiert Fred Endres nun seine *Maximen der Lebenskunst*, die Krönung seines Lebenswerkes und seiner Lebenskunst. Mit Liebe, mit Nähe, mit Kunst zum Leben. Hier entsteht eine neue Trinität für eine wahre Sinfonie in die Zukunft. Das neue Jahrtausend beginnt mit Wohlklang, mit einer nie endenden Ouvertüre.

Fred verfasst nicht nur Bücher, er lebt sie. Ohne seine Lebenserfahrung und seine Lebenskunst wären seine Maximen lautlos verhallt. Sein Leben ist kein Patentrezept, sondern Stationen des Triumphes und des Versagens, eben wie unser aller Leben. Dennoch sind wir alle Künstler. Viele künsteln an ihrem Leben herum, die Lebenskünstler aber maximieren es.

Fred lebt Lebenskunst - in seinen Reisen, die den Globus umspannen; in seinen Büchern, die als Bestseller neue Märkte erobern; in seinen Mahlzeiten, die Feuerwerke versprühen; in seinem Weinkeller, der duftende Schätze hütet; in seinen Gemälden, die sein Haus schmücken; in seinen Lesungen, die Frauen und Männer dem Alltag entreißen; in seinen Vorträgen, die allen verantwortungstragenden Menschen Motivation näher bringen; in seiner Beredsamkeit, die uns unwiderstehliche Lebensfreude darbietet: und in seinen Freunden, die er mit Liebe verwöhnt.

Fred bringt Generationen und Geschlechter, Rassen und Völker, Manager und Politiker zusammen, vereint sie mit seiner Lebenskunst. Über Grenzen und Ozeane hinweg schallt sein Ruf nach Harmonie. In den Vereinigten Staaten erklingen seit diesem Jahr seine *Maxims of Proximity*, welche ich mit Hilfe meiner fünf Lebenskünstler Cecil, Karin, Keith, Rita und Tim übersetzt habe.

„Il faut cultiver son jardin" stellt Voltaires Candide nach seiner sagenhaften Reise auf der Suche nach dem Glück fest. Wir können die Schlachten der Weltgeschichte nicht verhindern, die Probleme der gesamten Bevölkerung nicht lösen, den gewaltigen Hunger der Menschheit nicht stillen. Aber wir erreichen Liebe, Nähe und Kunst in unserem Garten, unter unserem Dach, bei unseren Freunden, in unseren Beziehungen, zusammen mit unseren Kollegen, eben durch unsere Lebenskunst. Man muss seinen Garten bebauen, damit darin Lebenskunst gedeiht.

Lebenskunst, *ars vivendi, art of life, art de vie, arte de vida, techne tes zoes* - trotz babylonischer Sprachenvielfalt sagen diese Worte doch alle dasselbe: Wer seine Lebenskunst nicht maximiert, lebt nicht, wird nicht leben. Oscar Wildes Aphorismus, „Sich selbst zu lieben ist der Anfang einer lebenslangen Romanze", hat trotz all seiner Ironie mehr Ausdruckskraft denn je.

Dr. Nikolai Endres
Assistant Professor für Weltliteratur
Western Kentucky University, USA

Aperitif

Ich lebe gern. Ich habe Lust am Leben in seiner Vielfalt. Ich übe mich in der LEBENS-KUNST und möchte dazu einladen. Zu lieben, was man tut. Nicht nur zu tun, was man liebt.

Wir haben die Demokratie geerbt, den Sozialstaat und die längste Friedensperiode in Europa. Die Löhne sind die höchsten, unsere Ferien die längsten. Dennoch scheint mir, dass vielen Menschen die LEBENSKUNST nicht recht gelingen will.

Sie ist besonders in einem Land gefragt, in dem viele Arbeit suchen, ältere Arbeitnehmer oft als überflüssig gelten. Andere keine Zeit mehr finden für sich selbst, für die ihnen anvertrauten Menschen. Jeder ist seines Glückes Störenfried.

Lebenskünstler sind wie Liebeskünstler. Ihre Gemeinsamkeit besteht in der Lust, dazuzulernen, das Lassen zu lernen. So begann ich mit diesem Buch mein Dasein zu entrümpeln: vermeintliche Zwangsläufigkeiten, Rituale, Verhaltensweisen. Ich fing an, das Leben neu zu denken.

Was steht der LEBENSKUNST im Wege? Zuerst einmal ich selbst und der Irrtum, das Glück falle mir einfach zu. Glücklich ist, wer mit den Verhältnissen zu brechen versteht, ehe sie ihn gebrochen haben, sagt einer meiner Lieblingskomponisten, Franz Liszt.

Die Rechenschaft über mein Dasein ist die Reflexion, wie Leben besser gelingen kann. Die selbsterprobte Antwort lautet: Es gibt keinen Tag ohne Freude, ohne Erfüllung, ohne Lust, ohne Staunen. Es ist mein Umgang mit Niederlagen, die Un-Lust bereiten, die LEBENSKUNST verhindern. Wie Seneca es in „De brevitate vitae" ausdrückt: Leben muss man das ganze Leben lang lernen.

Hier setzt das Buch an: Mit der Ermutigung, LEBENSKUNST im Alltag zu üben. Es will Ihre Sinne schärfen über Wünsche, Träume und Hoffnungen nachzudenken. Sich glücksbereit zu halten. Die Lust am Experiment zu kultivieren. Sich berühren zu lassen.

Der Lebenskünstler braucht immer wieder Ent-Täuschungen, um sich von den Täuschungen zu befreien. Dennoch bleibe ich ein entscheidungsfreudiger Optimist. Ich bin gut zu mir selbst. Zur Nähe fähig. Ich weiß, dass ein Lächeln der kürzeste Weg zwischen zwei Menschen ist.

Jeden Tag lerne ich dazu. Darum habe ich dieses Buch geschrieben. Mit der LEBENSKUNST verhält es sich in Abwandlung eines Zitates von Franz Kafka wie mit der Liebe: Sie ist so unproblematisch wie ein Fahrzeug. Problematisch sind nur die Lenker, die Fahrgäste und die Straße.

LEBENSKUNST lässt mich erkennen, dass ich nicht jedes Ereignis mit dem Geist erfassen muss. Mein Verstand reicht nicht aus, um diese Welt zu begreifen, mit ihren Faszinationen, mit ihren Widersprüchen.

In dieser Welt geschieht nichts, ohne dass wir selbst eine Ursache gesetzt haben. Sie tun es, indem Sie für dieses Buch Zeit finden oder es verschenken. Allmählich nehmen Ihre Zweifel ab, die Ihren Veränderungen im Wege stehen. LEBENSKUNST ist kein Ereignis, das uns einfach begegnet. Es ist ein immerwährendes Reifen. Die Philosophie Ihres inneren Wachstums. Immer auch die Lust an täglichen Kostbarkeiten.

Lassen Sie sich ruhig auf ein lebenslanges Spiel ein. LEBENSKUNST ist auch die Kunst des Lassens: zulassen, weglassen, loslassen, sich auf das Leben einlassen. Fortes fortuna adiuvat. Die Mutigen begünstigt das Glück, auch Sie!

Herzlichst
Ihr

Fred Endres

Ouvertüre

Sie sind ein Mensch wie ich, der nach Leben hungert. Mit Hoffnungen und Sehn-Süchten, mit Ängsten und Gefühlen. Sie wollen Ihrem Leben mehr Sinn geben. Sie möchten den Alltag Ihrer Partnerschaft mit Hochstimmung schmücken. Kurz: Sie möchten die LEBENSKUNST erlernen, sie vertiefen.

Es ist nie zu spät, mehr Freude in Ihr Dasein zu bringen. Darum hat, gerade in den Versuchungen der globalisierten Gesellschaft, die LEBENSKUNST ihren Sinn. Die Sinnfrage erfüllt uns Menschen, indem wir das, was wir als sinnvoll erachten, in Handlungen umsetzen.

Für LEBENSKUNST gibt es keine Patentrezepte. Mein Buch bietet Ihnen Impulse aus oft schmerzlichen Erfahrungen in Partnerschaft und Mitarbeiterführung. Sie sollen an den ethisch moralischen Kanon der Leistungsgesellschaft erinnern und Mut machen zu mehr Herzenswärme und emotionalem Handeln.

„Zu seiner Belehrung sollte ein Schriftsteller mehr leben als lesen. Zu seiner Unterhaltung sollte er mehr schreiben als lesen. Dann können Bücher entstehen, die das Publikum zu Belehrung und zur Unterhaltung liest." Diese Aussage des scharfsinnigen Witzes von Karl Kraus hat mich ermutigt, ein Buch über LEBENSKUNST zu schreiben.

Wer den Himmel sucht, muss zuerst die Erde lieben: die Geschenke, die das Leben bereithält. LEBENSKUNST weiß, dass alles, was uns fesselt, nur einen bedingten Wert erfüllt. In einem Augenblick, in der nächsten Stunde kann es ganz anders sein. Nichts ist sicher, am wenigsten die Dauerhaftigkeit von Gefühlen. Darum beginnt LEBENS-KUNST mit der zuverlässigen Liebe zu sich selbst.

„Du bist der absolute Wahnsinn, einfach mein Typ. Wir führen eine intergalaktische Beziehung, findet die Wahnsinnsfrau, die dich bis zum Wahnsinn liebt. Du bist der Mann, auf den ich zeitlebens gewartet habe. Den ich nie mehr loslassen werde...", schrieb mir meine „amabilis insania", mein liebenswürdiger Wahnsinn. Nur eine Woche später ließ sie mich los, weil ihr Gefühl einen anderen entdeckt hatte.

Lange glaubte ich, Liebe sei nicht nur eine Sache des Gefühls, sondern auch die Entscheidung für einen Menschen. Ich musste erkennen, dass die Distanz zwischen den Geschlechtern naturgegeben ist. Sie kann durch keine noch so intensive Beziehung völlig überbrückt werden.

Ein Mensch wie meine vermeintliche „letzte große Liebe" mit einem solch weiten Herzen wird immer wieder an Störungen des Gleichgewichts leiden und sich emotional erschüttern lassen. Ich musste wieder einmal loslassen und werde weiterlernen. LEBENSKUNST ist auch ein ständiges Unterwegssein.

Was Menschen in der LEBENSKUNST verbindet, sind nicht nur Antworten, sondern auch ihre Fragen. Freunde, das Leben ist lebenswert... Ist das nur eine wirklichkeitsferne Arie in Franz Lehars „Giuditta"? Hat Albert Camus recht, der den Helden seines Dramas „Der Fremde" äußern lässt: Jeder weiß, dass das Leben nicht lebenswert ist?

Die Frage nach dem Wert meines Lebens - und damit nach der LEBENSKUNST - entscheidet letztlich darüber, wie ich mein Dasein meistere oder es nur geschehen lasse.

In den Zeiten von Terror, Krieg und Leid wird LEBENS-KUNST notwendiger denn je. „Gewalt ist Vernunft, die verzweifelt." So schrieb José Ortega y Gasset in „Über die Liebe" im Schicksalsjahr 1933. Weiter merkt er an: „Die Liebe ist der vielleicht höchste Versuch, den die Natur macht, um das Individuum aus sich heraus und zu dem anderen hinzuführen...".

Lassen Sie es uns mit einer Kultur der Kommunikation und Emotionalität versuchen. Dann entsteht mehr Vertrauen in das Leben, als wirksame Vorbeugung gegen Aggression. LEBENSKUNST ist immer auch eine Ouvertüre gegen die Gewalt. Ohne Gesten der Liebe werde ich keinen Menschen dazu bewegen können, seine Haltung zu ändern.

Lebenskünstlerinnen und -künstler sind letztendlich die Schöpfer jener Sehweisen, die erahnen lassen, dass die Welt besser sein kann, als sie uns erscheint. Sie sind Fabrikanten von Hoffnung und Zukunft!

Der, den ich liebe,
hat mir gesagt,
dass er mich braucht.
Darum gebe ich
auf mich acht.

Bertolt Brecht, 1898-1956

Welche Achtsamkeit erlebten Sie heute?

Achtsamkeit

Achtsamkeit für eine Person entspricht dem menschlichen Grundbedürfnis, Beziehungen einzugehen. Treue ist eine notwendige Form der Achtung. Sie bekennt, dass der Partner etwas Aussergewöhnliches ist.

Achtsamkeit gewährleistet, dass wir etwas Besonderes teilen. Liebe setzt Treue voraus. Aber Treue ohne Liebe ist eine sinnlose Forderung. Ohne sie kann keine Vertrautheit durch Geborgenheit wachsen.

Achtsamkeit beginnt bei der Liebe zu mir selbst. Sie weiß zu unterscheiden, was gut für den anderen und notwendig für mich ist. Diese Wertschätzung erkennt die Bedürfnisse und Rechte des Partners an.

In meiner Achtsamkeit ahne ich, dass Menschen Geschenke sind, Gaben auf Zeit. Ein treuer und liebevoller Partner ist unser größtes Geschenk. Dennoch hat niemand Anspruch auf den anderen. Wer den anderen be-sitzen will, kann der ent-setzlichen Ent-Täuschung nicht entkommen.

Unsere Liebe mag bedingungslos sein. In der Beziehung zu dem, den wir lieben, lebt sie nicht bedingungslos. Sie ist ein Akt der achtsamen Balance. Treue und Liebe sind zerbrechlich. Daher bleibt uns die faszinierende Aufgabe, an einer Beziehung lebenslang zu arbeiten und sie hoch zu achten.

Es gibt ein Alter, in dem
eine Frau schön sein muss,
um geliebt zu werden.
Und dann kommt das Alter,
in dem sie geliebt werden
muss, um schön zu sein.

*Françoise Sagan, * 1935*

Welche liebevollen Gedanken brachten
Sie Ihrem Alter heute entgegen?

Alter

Ich stehe zu meinen Falten. Sie sind meine Auszeichnung. Sie zeigen, dass ich gelebt habe. Dass ich mich viel gefreut habe. Es gibt Vierzigjährige, die sind betagt: Ohne Lust auf das Heute, mit Bangen auf das Morgen, ohne lebendigen Hauch. Es gibt Achtzigjährige, die vor Neugier und Lebensfreude sprühen.

Der physische Leib altert in seiner Kraft. Es beginnt die Zeit der langsameren Schritte. Aber: Menschen haben Herzen, in denen die Lust auf Leben wohnt. Das Herz zeigt keine Falten. Menschen haben einen Geist, der nicht zu altern braucht. Als Sechziger muss ich mir nichts mehr beweisen. Ich habe noch viel vor, mit großem Freiraum.

Wenn ich zu weit vorausblicke, wird mein Leben zur Last. Freude bemächtigt meine Seele für das Kommende. Offenheit, den Partner neu zu erkennen. In spielerischer Sexualität wunderbare Möglichkeiten zu entdecken.

Ich habe das Selbstbewußtsein, die Freiheit des Alters zu leben, meine Qualitäten zu erkennen. Ich stehe zu meinen Jahren, spreche Wahrheiten an, vermeide lächerliche Jugendlichkeit. Ich bin kindlich, aber nicht kindisch.

Ich bin, wie ich bin. Ich tue, was ich für richtig erachte. Früheren, nur vermeintlich besseren Zeiten, weine ich nicht nach. Ich lebe im Hier und Heute. Meine Zeit ist jetzt und das Alter ist unsere Zukunft.

Anerkennung bewirkt,
dass das Hervorragende
an den anderen
auch zu uns gehört.

François-Marie Voltaire, 1694-1778

Wem haben Sie heute ein Lob geschenkt?

Anerkennung

Jedem von uns wohnt ein angeborenes Bedürfnis nach Beachtung und Anerkennung inne. Dieses Grundmuster des Lebens steuert Entscheidungen. Streicheleinheiten füllen unseren Haushalt an Zuwendungen auf.

Anerkennung fördert die Selbst-Motivation. Warum sind wir so sparsam mit einem gewinnenden Wort, mit einer dankbaren Geste, mit einem herzlichen Händedruck, mit einem wohlwollenden Augenkontakt?

Freuen Sie sich über ein Lob? Wirkt es positiv auf Ihre Leistungen? Ist das Ausbleiben von Kritik schon Zustimmung? Was ist die Ursache, dass Anerkennung so selten ist?

Ich gönne jedem Menschen Gutes. Ich gewähre ihm Anerkennung und Lob. Lobenswert sind Leistungen, sind Verhaltensweisen. Woran erkenne ich den Lebenskünstler? An seiner Anerkennung.

Positive Zeichen sind Geschenke. Jede Art von Aufmerksamkeit schafft Freude und vermittelt ein Glücksgefühl. Ich streichle mit aufmunternden Aussagen die Psyche, die Seele meiner Mitgeschöpfe.

Das ganze Leben
ist ein Experiment.
Habe nie Angst davor,
zu stürzen.

Ralph Waldo Emerson, 1803-1882

Welche Angst haben Sie heute in Vertrauen
verwandelt?

Angst

Die Philosophie Epikurs gehört zu den unvergänglichen Leistungen hellenistischen Denkens. Sie will den Menschen von der Angst befreien. Einer Angst, die entsteht, weil das maßlose Streben, die Gier nach Reichtum, Luxus, Macht und Ruhm die Menschheit bisher stets zu Hass, Neid, Krieg und zwangsläufig auch zu Angst führte.

Angst haben wir alle, unabhängig von einer äußeren Bedrohung. Angst gehört zu unserem Leben. Angst davor, den Anforderungen nicht zu genügen. Angst vor dem Verlassenwerden, vor der ungewissen Zukunft.

Ich überwinde meine Angst, indem ich sie aushalten kann und dabei handle, auch mit einem Gebet. Ich begegne ihr durch eine Kultur des Vertrauens. Dass ich mich in Gott geborgen weiss. Weiter hilft mir der Glaube an meine Fähigkeiten, an die Ernsthaftigkeit meiner Partner und an die Integrität der mir anvertrauten Menschen.

Die Welt erscheint dann bedrohlich, wenn ich erwarte, dass es ein Leben ohne Herausforderungen gibt. Mich in trügerischer Sicherheit wiege. Die Angst vor dem Morgen kommt immer einen Tag zu früh.

Meine Hoffnung auf ein Jenseits gibt mir Kraft im Diesseits. Wenn ich loslasse, überlasse ich es einer Höheren Macht, das ihre zu tun.

Authentische Menschen
haben ihren Ursprung
im eigenen Sein,
nicht im Haben
und Aneignen.

Erich Fromm, 1900-1980

In welcher Lebenslage erwiesen Sie sich
heute authentisch?

Authentizität

Sie besteht in bejahender Grundhaltung: in einer auf persönliche Ausstrahlung gegründeten Autorität. Authentische Menschen vermitteln anderen immer das Beste von sich. Sie geben Beispiele positiver Lebenseinstellungen.

Authentische Charismatiker lieben Feste und Höhepunkte. Sie gehen, wenn es am Schönsten ist. Sie stehen nicht jederzeit zur Verfügung. Das macht sie interessant.

Sie verbreiten Hoffnung und Zuversicht. Sie sind bei sich selbst. Sie sind echt, „authentikos". Wir können uns auf solche Menschen verlassen. Sie ordnen ihr Dasein selbst. Sie definieren sich nicht über Dritte. Sie entscheiden über ihr Leben. Sie erheben die Stimme auch für andere.

Die Echtheit ist das Kriterium für die Ausstrahlung: die Fähigkeit, andere in ihrem Innersten zu berühren. Im Chor dieser Welt singe ich mein Lied. Ich bin wachsam, wo andere über mich verfügen wollen und die Stimme des Herzens übertönt wird.

Ein einziges Blatt an Erfahrung hat mehr Wert als ein Baum voller Ratschläge. Darum beziehe ich meine Authentizität auch aus Lebenskrisen. Sie drängen mich zur Weiterentwicklung. Sie sensibilisieren mein Staunen.

Authentizität ist eine Harmonie zwischen Temperament, Gefühlen und Gedanken. Sie ist die Philosophie eines ständigen inneren Wachstums. Sie bildet Stoff für den Brückenbau, das Material für Bindungen. Authentizität ist die mit sich selbst befreundete Seele.

Denn jeder Anfang
ist nur Fortsetzung,
und das Buch der Ereignisse
ist immer aufgeschlagen,
mittendrin.

*Wislawa Szymborska, * 1923*

Inwiefern war dieser Tag ein Neubeginn
für Sie?

Beginn

„Ich lasse mir von mir nicht alles gefallen." So begann Viktor Frankl, Begründer der Logotherapie, sein Tagwerk. Auch ich höre nicht auf, immer wieder anzufangen. Das Leben hält stets neue Träume bereit, wenn alte gehen.

Ich beginne jeden Tag mit einer Vergebung als unerlässlichem Bestandteil befreiender Lebenskunst. Meine Schwächen sind dann nicht mehr länger ein Hindernis, mich selbst und die Mitmenschen anzunehmen.

Schließlich setze ich den Tag mit einer Danksagung fort. Ich danke, dass ich gebraucht werde. Dass mir Menschen anvertraut sind. Dass jeder von uns die Welt mit seinem Einsatz weiterträgt.

Jeder Tag ist ein neuer Anfang. Er ist einzigartig, unwiederholbar, uneinholbar und verläuft anders. Ich vergeude keinen Morgen mehr mit negativen Gedanken. Sie hemmen meine persönliche Entwicklung und die berufliche Leistung.

Nicht länger ertappe ich mich bei „Ja, aber". „Warum nicht" ist mein Wortschatz, weil affirmative Gedanken mir Kraft zum Handeln schenken. Jeder Anfang ist die ewige Jugend in der Traurigkeit unserer Zeit.

Es ist ein jeder Mensch
um des anderen willen
geschaffen und geboren.

Martin Luther, 1483-1546

Berührten Sie heute ein Herz?
Ihr eigenes oder das eines anderen?

Berührung

So sind wir Menschen: Wir wünschen uns Glück, Nähe, Berührung. Warum erfüllen wir uns diese Sehn-Süchte so selten? Weil wir uns scheuen, dem Zufall zu trauen? Jede Berührung ist ein Wagnis. Sie provoziert Verständnis oder Abwehr. Sie schafft Vertrauen oder Schmerz.

Wir tragen frühe Verletzungen in uns. Wir fürchten neue Blessuren. Darum bauen wir Schutzmauern auf. So hat es das Glück schwer, uns zu berühren. Der Zufall geht vorbei. Begegnung geschieht über seelische und körperliche Bereitschaft zur Berührung. Ein Blick, eine Geste, ein Streicheln, ein Lächeln, ein Wort.

Wir wissen oft nicht, warum wir gerade jetzt so voller Nähe sind. Warum wir dann tagelang, trotz allen Redens von Liebe, nichts davon spüren. Es ist immer ein Augenblick der Gnade, wenn unsere Seele berührt wird. Durch Berührung gerührt werden.

Echte Nähe beginnt im Berührtsein des Herzens: unverhofft, unerwartet, unverdient. Sie verstärkt das Gefühl des Dazugehörens. Sie ist der Augenblick des Beschenktwerdens. Sie ist die Offenheit der emotionalen Intelligenz. Ein zarter Schmetterling, der mich besucht, wenn meine Seele bereit ist.

Solange ich mir nicht selbst in den Augen und Herzen der Mitgeschöpfe begegne, mich rühren lasse, bin ich auf der Flucht. Solange ich nicht zulasse, dass Menschen an meinem Innersten teilhaben, gibt es für mich keine Geborgenheit. Solange ich mich davor fürchte, erkannt zu werden, kann ich weder mich noch andere begreifen. Ich werde keine Nähe erfahren.

Dies ist das Geheimnis
der Liebe,
dass sie solche verbindet,
deren jeder für sich
sein könnte
und doch nicht ist,
und nicht sein kann,
ohne das andere.

Friedrich Wilhelm Joseph Schelling,
1775-1854

Welchen Schritt zur Vertiefung Ihrer
Beziehung haben Sie heute getan?

Beziehung

Menschsein heißt, Verbundenheit leben. Ich kann allein sein, bin aber nicht einsam. Aufgehoben in Liebe und Freundschaft, treten wir miteinander in Resonanz. Beziehungslos verlieren wir uns in Angst, orientierungslos in Süchten.

Ich habe ein Recht, offen meine Art der Partnerschaft zu definieren. Sie verbindet zwei gleichwertige Menschen durch ihre Aufrichtigkeit. Beide erklären, was sie zu geben bereit sind. Wo sie Grenzen setzen. Wo ihre Wünsche und Neigungen liegen.

Erwartungen führen zu Täuschungen. Sie sind gekennzeichnet durch Partner, die bei anderen jene Sicherheit suchen, die sie bei sich nicht finden. Die den anderen für eigene Probleme verantwortlich machen. Die Erfolge wollen ohne Misserfolge und Taten ohne Fehler. Das ist wie Tage ohne Nächte und Berge ohne Täler.

Jede Beziehung, die wir eingingen, hielt auch ein bitteres Geschenk für uns bereit. Es waren Lektionen, die uns reifen ließen. Lektionen, die unsere Erkenntnis nährten. Darum können wir auch für Beziehungsschmerz dankbar sein.

Je klarer ich meine Beziehung mit Hilfe des Partners definiere, desto sicherer legen wir den uns gemäßen Kurs fest. Desto sorgsamer können wir miteinander umgehen.

Autonom und bezogen sein, frei und aufgehoben sein, verantwortlich und eingebunden sein: in dieser Balance wird Beziehung zur Lebenskunst.

Eine Idee
hat allein keine Kraft.
Ihre ganze Energie
beruht auf den Menschenleben,
die damit verknüpft sind.

Albert Schweitzer, 1875-1965

Wofür konnten Sie heute danken?

Dankbarkeit

Ich lebe in der Gewissheit meines Glaubens, dass ich einer Höheren Macht an-vertraut bin. Die mein Sein begleitet. Gott wollte auch mein Leben. Ich glaube an den Sinn meiner Lebens-Antwort. Ich ahne, dass alle Geschöpfe eins sind in seiner Liebe.

Jedes Geschehen ist ein Samenkorn, dessen Keime zum Guten auch in meiner Hand liegen. Ich erkenne, dass ich in der achtungsvollen Haltung zu den Geschöpfen menschlich bleibe. Ich hoffe, dass Sehen und Wahr-Nehmen meine Bitten verringert, den Dank vermehrt.

Höhere Macht, gib mir die demütige Erkenntnis, dass hinter jeder Fassade und Schwäche meines Nächsten ein Wesen mit einer Seele steckt. Als gottgewollte Wesen sind wir alle eins auf unserer Reise in einem menschlichen Körper.

Gott, ich danke
für die Geborgenheit in dir,
für alle Freuden,
für gute Freunde,
für deinen Schutz und Segen,
für die mir anvertrauten Menschen,
für die Sorglosigkeit und Offenheit.

Gott, ich danke
dass ich auch heute Licht in das Leben eines Mitmenschen bringe,
dass du mir Weisheit und Phantasie zur Liebe schenkst,
dass du mir Vertrauen in mich und meine Partner gibst,
dass du mir die Fähigkeit zum Staunen erhälst.

Das Rationale am Menschen
sind die Einsichten,
die er hat.
Das Irrationale an ihm ist,
dass er nicht danach handelt.

Friedrich Dürrenmatt, 1921-1990

Über welche Eigenschaft Ihrer Einmaligkeit
staunten Sie heute?

Einmaligkeit

Viele von uns sind dabei, durch virtuelle Welten der Unterhaltungsindustrie das zu verlieren, was den Menschen als Krone der Schöpfung ausmacht: seine Einmaligkeit, Ihre Einmaligkeit.

Die vermittelte Nachricht ist scheinbar glaubwürdiger als die selbst-ermittelte. Die über das Internet hergestellte Beziehung zu unbekannten Personen in Yahooland oder in Chatstadt ist attraktiver als die zum Nachbarn.

Gelegentlich meldet sich unsere Psyche, die zum Glück, oft leidvoll, nicht alles mit sich machen lässt. Immer wieder verstoßen wir gegen diese in den Menschen eingelegte Grundoption für ein authentisches Leben. Leere und Ohnmacht sind die Folgen. Als Therapie üben wir Selbstmitleid.

Dann verschütten wir durch weitere Trauer den Zugang zu den in uns wohnenden Selbstheilungskräften. Mensch sein heißt immer, auch anders sein zu können. Es ist die Fähigkeit, sich nicht nur gehen, sondern auch stehen zu lassen. Unser Geist kann aus der Not eine Tugend machen.

Unsere Einmaligkeit ist ein Angebot. Sie verlangt das Wagnis eines authentischen Daseins. Die Sinfonie eines erfüllten Lebens wird uns mit der Fähigkeit von Begeisterung, Staunen und Spontaneität segnen.

Verstehen
kann man das Leben
nur rückwärts.
Erfolgreich leben
muss man
es aber vorwärts.

Sören Kierkegaard, 1813-1855

Welcher Erfolg gelang Ihnen heute?

Erfolg

Erfolg ist ein anthropologisches Grundbedürfnis. Erfolgreiche Menschen erkennen, dass sie ohne eigenes Dazutun der Liebe wert sind. Es sind selbstverantwortliche Persönlichkeiten. Sie bemitleiden nicht ihr Schicksal, um damit Untätigkeit zu rechtfertigen. Es gelingt ihnen, Dinge abzustellen, die sie ständig verletzten.

Selbstbewußte Menschen leben ihr Dasein doppelt. Ihnen bedeutet Erfolg, Energie auf andere zu übertragen. Selbstbewußtsein heißt nicht, keine Probleme zu haben. Es ist vielmehr die Suche nach Lösungen, die andere vor sich herschieben.

Selbstanklagen zu beenden, machen das Selbst sicher. Erfolgreiche vertrauen ihren Wertmaßstäben. Sie können sich und anderen Schwächen eingestehen. Ihr Bewußtsein ist die Philosophie eines ständigen inneren Wachstums. Darum leben sie im Hier und Jetzt. Sie pflegen Nähe ohne Enge.

Erfolg ist abhängig von der Menge gelöster Aufgaben. Entscheidend sind das Denken, die Logik der Arbeitsschritte, das Maß der Selbst-Motivation, der emotionale Umgang mit anderen. Es ist die Kenntnis des Anders-Seins meines Gegenübers.

Erfolg ist ein kühnes Vertrauen in den Halt, der im Schwebenden liegt, sagt Hilde Domin. Ihre Lebenskunst des Dennoch ließ sie so versöhnungsbereit und damit so erfolgreich sein.

Ich will geliebt sein
oder ich will begriffen sein.
Das ist eins.

Bettina von Arnim, 1785-1859

Welches erotische Spiel werden Sie für
heute planen?

Erotik

Ein Ausdruck elementaren Menschseins und spontaner Freude. „Erotikos", griechisch zur Liebe gehörend, vermittelt sich in „Subtilität", lateinisch mit viel Feingefühl, mit großer Behutsamkeit und Sorgfalt. Eros war ein Gott, dessen Geliebte sich Psyche, also Seele nannte. Ohne Seele entsteht keine Erotik.

Stil, Niveau und Charme offenbaren gelebte Sinnlichkeit. Sich fallen lassen, aber auch einmal verzichten zu können. Aufeinander und auf Situationen gespannt sein.

Erotik
ist die Lust der Sinne,

deutet sich in zärtlichen Berührungen bis zur Selbstvergessenheit an,

sind laszive Bewegungen,

offenbart sich, wenn sie mich spontan in die Arme nimmt und zu neuem Staunen verführt,

ist, wenn sie beim Lachen einen Mund voll Leben nimmt,

kann kein Sex sein. Sex braucht die Überholspur. Erotik nicht. Denn sie will ihr Ziel nicht rasch erreichen, sondern zärtlich, einfühlsam, genussvoll,

freut sich am Spiel mit der Sinnlichkeit,

ist Weltvergessenheit: wie fließend, bewegungsversunken ein weibliches Wesen sich entblättert,

vermittelt ein Mensch, der die Moleküle in einem Raum neu ausrichtet, wenn er eintritt,

schmerzt durch Erfahrung der Leere. Sie ist größer, je intensiver die Hingabe war.

Wirkliche Freunde
sind Menschen, die uns
ganz genau kennen und
trotzdem zu uns halten.

Marie von Ebner-Eschenbach, 1830-1916

Waren Sie heute Ihr eigener Freund?

Freundschaft

Lebenskrisen haben mich gelehrt, Glückserwartungen nicht nur auf einen Menschen zu konzentrieren. Darum pflege ich Freundschaften. Sie machen mich unabhängiger und reicher. Sie verhindern, dass der Partner mit zu großen Erwartungen überfordert wird. Dies macht uns autonomer und tut letztlich auch der Liebe gut.

„Freundschaft ist die Kunst des freien Menschen." So beginnt Albert Camus sein hohes Lied. Nicht Nutzen und Lust, sondern der Wert an sich bestimmt eine Freundschaft. Wohl gibt es Liebe auf den ersten Blick, kaum aber Freundschaft. Sie muss wachsen und reifen. Gepflegt und immer wieder erneuert werden.

Selbst-Freundschaft ist ein Grundpfeiler jeder Beziehung und menschlicher Harmonie. Dann kann ich mich öffnen, bleibe aufmerksam, werde erfinderisch. Ich brauche das sorgsame Gespür, wie der Mitmensch fühlt, wie er sich verändert. Er wird zum Freund, wenn ich ihn als mir anvertraut empfinde.

Nehmen wir uns Zeit für Freunde. Sie werden zu einer ungeahnten Quelle des Glücks. Damit wir uns verstanden und getragen fühlen. Freunde sind Gärten, in denen man sich ausruhen kann, meint Antoine de Saint-Exupéry. Ich wünsche Ihnen viele dieser freundlichen Gärten. Das Wertvollste an einer solchen Kultur der Freundschaft ist, dass man nichts zu erklären braucht.

Wenige Menschen ahnen,
was Gott aus ihnen
machen würde, wenn sie sich
seiner Führung überließen.

Ignatius von Loyola, 1491-1556

Wann überließen Sie heute anderen die
Führung, statt selbst zu entscheiden?

Führung

Wie oft wehrte ich mich, wenn ich Führungen nicht verstand. Dieser Verstand wollte immer nur verstehen. Bis ich begriff. Bis ich mehr Einsicht gewann. Ein weit höherer Weisheits- und Lebensplan liegt meinem Leben zugrunde. Gibt ihm Grund.

Voller Zuversicht gehe ich in jeden neuen Tag. Ich vertraue mich einer Höheren Macht an. So gewinnt mein Leben auch heute Sinn und Erfüllung.

Gott, ich bin deine Schöpfung. Darum vertraue ich auf deine Führung, dass

du Wüstenpfade zuläßt, um mir auch dort zu begegnen,
du das Ziel meiner Wege bist, auch meiner Umwege,
nichts in meinem Leben umsonst ist,

du in antwortlosen Zeiten bei mir bist,
du mir hilfst, zu dem zu werden, wozu ich angelegt bin,
mich Ent-Täuschungen vor Täuschungen bewahren,

ich heute Licht in das Leben eines Menschen bringe,
ich im anderen dich erkenne und respektvoll mit ihm umgehe,
du meinen Hochmut in Liebesmut verwandelst,

die Entscheidungsträger ihre Verantwortung für die ihnen anvertrauten Menschen begreifen,
Vertrauensbildung und Gerechtigkeit die Herausforderungen des Jahrhunderts sein werden,
der Friede dieser Erde in meinem Herzen beginnt.

Es gibt Menschen,
die es für unernst,
Christen,
die es für unfromm halten,
auf eine bessere
irdische Zukunft zu hoffen,
und sich auf sie vorzubereiten.

Sie glauben an das Chaos,
die Unordnung, die Katastrophe, als
den Sinn des gegenwärtigen Geschehens
und entziehen sich in Resignation
oder frommer Weltflucht
der Verantwortung
für das Weiterleben.

Dietrich Bonhoeffer, 1906-1945

Welche Furcht war heute überflüssig?

Furchtlosigkeit

Immer wieder werden uns Ängste bedrängen. Die Tragik des Menschen ist seine Panik, sich einem anderen anzuvertrauen. An das Gute im Nächsten zu glauben. Sich stattdessen abzusichern und abzugrenzen. Nicht loslassen zu können. Alles selbst im Griff haben zu wollen.

Als furchtloser Mensch bin ich ein Geschenk für meine Umgebung. Dies wirkt ungewöhnlich ansteckend. Ich blicke den Tatsachen ins Auge. Ich laufe nicht länger vor dem Leben davon. Ich wäge das Für und Wider mutig ab, damit meine Furchtsamkeit nicht nebulös bleibt. Ich entscheide mich.

Auch wenn ich weder durch Veranlagung noch durch Erziehung ein religiöser Mensch bin, fange ich an zu beten. Denn es bedeutet, dass ich nicht weiter manipuliert werde, sondern handle.

Wenn ich bete, lasse ich meine Probleme nicht länger im Dunkeln. Ich benenne sie, fasse sie in Worte. Beim Gebet zu einer Höheren Macht, zu Gott, zum Universum spüre ich das Gefühl, dass ich nicht allein bin, dass meine Last geteilt wird, dass ich ehrfürchtig werde.

Legen Sie das Buch jetzt furchtlos zur Seite, knien vielleicht nieder und erleichtern Ihr Herz. Haben Sie Vertrauen in das Leben und in Ihre Zukunft. In Ihren Schöpfer, der auch Sie in seinen Händen hält. Ich durfte es schon oft erfahren, wenn meine Gefühle Achterbahn fuhren.

 Alle menschlichen Fehler
sind Ungeduld.

Franz Kafka, 1883-1924

Wann übten Sie sich heute in Geduld?

Geduld

Dem Augenblick verhaftet, vermag der gegenwärtige Mensch nicht über den Rand der eigenen Existenz zu blicken. Wie sollte er seine Lebensspanne überschreiten? Die Erde vervollkommnete sich in Millionen von Jahren. Die Früchte des Feldes reifen ohne Hast.

263 Jahre dauerte das Schaffen am Straßburger Münster. 312 Jahre werkelten die Kölner an ihrem Dom. Sie unterbrachen die Arbeiten für drei Jahrhunderte und stellten ihn dann in 37 Jahren fertig. Welch gottbegnadete Geduld, geboren aus der Zuversicht, dass Leben nicht alles ist.

Geduld ist die Fähigkeit, in der Gegenwart zu bleiben. In einer Haltung zu verharren, die von Vertrauen und Glauben geprägt ist. Geduld gemahnt an die Menschlichkeit, an unsere Endlichkeit.

Niemand ist im Alleinbesitz der Wahrheit. Ich übe mich in Geduld, wenn ich für das bessere Argument offen bin. Diese intellektuelle Redlichkeit steckt an. Geduld muss geduldet werden.

Das Risiko ist eine menschliche Konstante. Ich tue, was ich kann. Geduldig mühe ich mich, den Tag zu erfahren, ohne das ganze Leben zu bewältigen. Ich gebe nach, aber ich gebe nicht auf. Dies wirkt menschlicher und lässt mich eher gewinnen.

Gehorsam
ist der Anfang
aller Weisheit.

Georg Wilhelm Friedrich Hegel,
1770-1831

Konnten Sie heute eine eigene Wahrheit aus
den Unklarheiten heraushören?

Gehorsamkeit

Die Verabsolutierung von Befehlen hat nichts mit Gehorsam zu tun. Wenn ich gehorsam bin, lebe ich in Übereinstimmung mit der eigenen Wahrheit. Dann bejahe ich mich selbst.

Zu den mir aufgetragenen Pflichten stehe ich nicht in Opposition. Die Wirklichkeit meines Lebens und der mir anvertrauten Menschen nehme ich an. Ich habe mich ausgesöhnt. Ich handle nicht im Gegensatz zu meinen Rechten und Pflichten.

Gehorsamkeit ist Toleranz und Akzeptanz einer Höheren Autorität. Ich lasse Gehorsam zu und hadere nicht mehr mit dem vermeintlichen Schicksal. Im Gehorsam erkenne ich, dass ich Mitgestalter meiner Umwelt bin. Darum trage ich für die Mitwelt Verantwortung.

Gehorsamkeit verpflichtet mich, nicht blind Autoritäten anzuerkennen, sondern sie mit dem Sieb des Gewissens zu hinterfragen. Gehorsam ist kein Zustand der Unterwürfigkeit, sondern Grundlage des friedlichen Zusammenlebens und Ausgangspunkt für dynamische Entwicklungen.

Gehorsam und Ungehorsam sind Gegensätze und dennoch Eins. Ohne authentischen Ungehorsam gibt es keinen Fortschritt, weder in der Wissenschaft noch in der Entwicklung von Humanität in dieser Welt.

Nicht die Dinge
beunruhigen uns,
sondern unsere
Meinungen darüber.

Epiktet, 50-130

Was raubte Ihnen heute Gelassenheit,
die Ruhe der Seele?

Gelassenheit

Wir sind so jung wie unsere Zuversicht!
Woher kommt es, dass wir häufig Menschen begegnen, die eher in Angst und Tod als in das Leben verliebt sind? Weil uns die Gelassenheit verlassen hat. Weil wir dem Leben mit zu wenig Leichtigkeit begegnen.

Die Gesellschaft des 21. Jahrhunderts zwingt sich in das Korsett reiner Leistungsideologie. Ohne Gelassenheit verliert unser Planen den Überblick. Ohne Gelassenheit mangelt es an der Fähigkeit, Wichtiges von Zweitrangigem zu unterscheiden.

Die Mutter der Zuverlässigkeit ist Gelassenheit. Sie schätzt das Machbare, das Zumutbare, das Belastbare, das Mögliche ab. Ohne Gelassenheit geht die Kunst verloren, im Beruf wie im Privatleben Prioritäten zu setzen.

Gelassenheit des Herzens verleiht unserer Beziehung, dem Dasein, der Arbeit ein unerschöpfliches Maß an Beschwingtheit. Innere Freiheit ist die Gelassenheit einer starken Seele, ist Vertrauen ins Leben.

Die Unterscheidung der Dinge, über die wir Macht haben, von jenen, die wir nicht ändern können, gibt Gelassenheit. Eine solche Unbeschwertheit ist die anmutige Form des Selbstbewusstseins. Sie bedeutet Souveränität. Sie transformiert Verlegenheit in Überlegenheit.

Der Glaube
hat nicht nur den Sinn,
sondern auch die Freude
in die Welt gebracht.

Paul Claudel, 1868-1955

Haben Sie heute versucht, sich mit einer
Glaubensfrage auseinanderzusetzen?

Glaube

Wie kann man heute an Gott glauben, ohne auf intellektuelle Redlichkeit zu verzichten? Die Aufklärung hat gezeigt: wir vermögen Gott nicht wissenschaftlich zu beweisen. Dennoch sind wir im Alltag aufgefordert, das Verhältnis von Religion, Glaube und unserer individuellen Verantwortung zu definieren.

Glaube ist unhinterfragte, emotionale und rationale Hingabe, keine Selbst-Aufgabe. Glaube ist das Wissen um eine Höhere Macht, verknüpft mit dem subjektiven Gefühl der Sicherheit, Geborgenheit, Bezogenheit.

Wir überlassen alles, was wir nicht vor Gott ausbreiten, dem bloßen Zufall. Wenn Sie für die Ihnen anvertrauten Menschen beten, werden diese Fürbitten nicht nur deren Herzen berühren, sondern auch Sie selbst mit mehr Liebe segnen.

Durch das Wissen um Ihre Gebete fühlen sich Ihre Partner geschätzt und beschützt. Gott hat uns ermahnt, sogar für unsere Feinde zu beten. Wieviel wichtiger ist es, dass wir für die uns begegnenden Menschen flehen.

Wie halten wir es mit der Nächstenliebe in der Bibelexegese? Frömmigkeit, die nicht in den Alltag führt, ist religiöser Selbstgenuss. Gebete verändern die Welt. Es ist unsere Aufgabe zu bitten. Gott wird uns anhören und auf seine Weise antworten.

Ein kluger Mensch
sieht so viel,
wie er sehen soll.
Nicht so viel,
wie er sehen kann.

Michel Eyquem de Montaigne,
1533-1592

Wurde heute Ihre Hoffnung auf Menschlichkeit erfüllt?

Humanität

Die Haut menschlicher Zivilisation ist dünn. An zu vielen Orten der Welt zeigt die Gattung Mensch ihr anderes Gesicht: zerstörerisch, fanatisch, hemmungslos, destruktiv. Eine Gesellschaft, die nur nach Macht und Geltung drängt, die das Ausatmen verlernt hat, die nur noch schluckt, rafft, stapelt und prasst, verliert ihre Mitmenschlichkeit.

Solange wir nur Schönwettermenschen sind, fehlt uns die Fähigkeit zur Nähe. Wenn wir Mitgefühl entwickeln, erwidern wir Menschlichkeit, auch wenn sich unser Partner im Wellental seiner Stimmungen befindet.

Das dialogische Gespräch und die Liebe, die Pfeiler unseres Lebens, sind an die Menschlichkeit gebunden. Ohne den Nächsten gibt es kein wahres Menschsein.

Menschlichkeit gibt auch anderen eine Chance. Wer sich immer nur selbst in den Mittelpunkt drängt, nützt sich ab. Die Kraft und die Dynamik des Lebens besteht immer wieder im Loslassen. Ich muss sogar lernen, das Lassen zuzulassen.

Zur Menschlichkeit gehört Humor. Er bedeutet Überlegenheit auch in Verlegenheit. Ein Rückschlag hebt mich nicht gleich aus den Angeln. Humanität ist gundlegendes und tiefgreifendes Interesse für eine unvollkommene Welt und für unser Dasein.

Komm zu mir in der Nacht
auf Siebensternenschuhen
Und Liebe eingehüllt
spät in mein Zelt.
Es steigen Monde aus
verstaubten Himmelstruhen.
Wir wollen wie zwei
seltene Tiere liebesruhen
Im hohen Rohre
hinter dieser Welt.

Else Lasker-Schüler, 1869-1945

Gelingt es Ihnen, Ihre Intimsphäre zu wahren?

Intimität

Intimität ist ein inneres Gefühl der Verbundenheit, das mir wohltut. Wenn ich Intimität lebe, pflege ich eine wertschätzende, aufrichtige, offene Beziehung. In dieser kann mein Partner sein, der er ist. Und wir beide bleiben, die wir sind.

Zwanghafte Kontrolle beeinträchtigt Intimität. Bevormundende Fürsorge lässt sie nicht zu. Ich habe den Mut, Intimität in meinen Beziehungen zu wünschen, ohne zu irritieren. Ich freue mich an Menschen, die Intimität zulassen. Ohne Scham stehe ich zu den sie auslösenden Gefühlen.

In einer reifen Beziehung vollenden die Partner natürliche Intimität und erlebte Sinnlichkeit. Dennoch wissen sie, dass die Distanz zwischen den Geschlechtern naturgegeben ist. Sie wird auch nicht durch eine noch so intime Partnerschaft überwunden.

Neben der Unabhängigkeit und Liebe für einander teilen die Partner gleiche Werte. Die Beziehung wird nur Bestand haben, wenn die Unterscheidung zwischen ihnen aufrecht erhalten bleibt. Der Partner ist ein Mensch mit eigener Identität und eigenen Erwartungen.

Intimität in der Liebe fordert nichts. Sie ist und bleibt ein Geschenk. Sie hat keinen Preis. Wir können unsere Liebe nur verströmen und hoffen, dass etwas Wunderbares daraus wachsen wird.

Jugend ist eine
beständige Trunkenheit.
Sie ist das Fieber
der Vernunft.

François de La Rochefoucauld,
1613-1680

Was ist der Unterschied zwischen
Jungsein und Jugendwahn?

Jungsein

Ich liebe das Feuer in den Ideen der Jugend. Ihren Glauben an nahezu unbegrenzte Möglichkeiten. Sie sind noch zuhause in ihren Illusionen und das ist gut so. Wir Eltern müssen der Knochen sein, an dem junge Menschen ihre Zähne schärfen, auch wenn es wehtut. Sonst hätten die Veränderungen der Welt keine Chance.

In den Köpfen der nächsten Generation steckt das Knowhow, das verstaubten Führungseliten fehlt. Sie sind längst Establishment. Ihr Widerspruch ist oft gepflegtes Theater. Unsere jungen Menschen haben zwar viel zu sagen, aber wenig zu melden. Darum müssen all jene abtreten, die über Zukunft schwafeln, aber vergangenen Denkmustern verhaftet sind. Sonst ist die Gemeinsamkeit der Generationen gefährdet. Die Jugend ist unser aller Zukunft und Hoffnung.

Jungsein bedeutet, die Offenheit für Wunder zu bewahren, das Erstaunen für ein Leuchten im Alltag, das Wagnis, Neues zu entdecken, den unstillbaren Wunsch nach Unfasslichem zu spüren, die Unbeschwertheit des Morgen zu erfahren.

Jugend hat die Bereitschaft zur Phantasie. Sie setzt Abenteuerlust gegen Zögerlichkeit, setzt Begeisterung gegen Bequemlichkeit. Jugend misstraut der letzten Sicherheit.

Wir sind jung, solange unser Herz die Botschaft des Mutes nutzt, die Unendlichkeit der Welt erfasst, die Kühnheit des Unbekannten braucht. Jugend ist kein Abschnitt des Lebens. Sie ist ein Zustand der Seele.

Ein Kuss besiegelte
meine neue Zukunft!
Gala wurde
das Salz meines Lebens,
das Härtebad meiner Gefühle,
mein Leuchtfeuer,
meine Doppelgängerin: ICH.

Salvador Dali, 1904-1989
an Gala Eluard, 1894-1982

Haben Sie heute schon geküsst oder davon
geträumt?

Küssen

Wie oft wurden Sie so richtig gut geküsst? Ich meine gefühlvoll, romantisch, behutsam, tastend, zärtlich? Hoffentlich fallen Ihnen mehr Sternstunden als Katastrophen ein, mehr liebevolle Könner als Lippenakrobaten.

Ein nachhaltiger Flirt setzt sich im Küssen mit oft unabsehbaren Folgen fort. Ein Kuss kann auch nur ein süßes Versprechen sein. Er fühlt sich an wie Schokolade. Er ist entworfen aus weichen Lippen, sinnlicher Fantasie und unendlich viel Gefühl.

Haben Sie heute schon geküsst und damit gelebt? Im Küssen halte ich es mit Oscar Wilde: Der einzige Weg, eine Versuchung loszuwerden, sei ihr nachzugeben. Küssen heisst immer auch, weniger streng mit mir zu sein.

Küsse sind Vitamine. Sie liefern uns emotionale Nährstoffe. Eine perfekte Balance aus Leidenschaft und Hingabe, Zärtlichkeit und Zielstrebigkeit, Spielerei und Erotik, Selbstvergessenheit und Absicht, Sehnsucht und Hoffnung. Wer Lebenskunst übt, kann das Leben küssen.

Einen guten Freund, eine wertvolle Freundin begrüße und wertschätze ich, indem ich sie drücke oder einfach liebevoll berühre. Wieviel Unrecht kann die Umarmung eines Freundes wieder gutmachen, bekannte so treffend Jean Jacques Rousseau.

Lebendig, unerschöpflich kreativ ist, wer küsst. Er lässt sich fallen. Ein Kuss ist Ausdruck elementaren Menschseins, spontaner Freude, der Hingabe, manchmal bis zur Preisgabe. Er vollendet das Spektrum zwischen Gebet und Eros, zwischen Agape und Genuss.

Die Lebenskraft eines
Zeitalters liegt nicht
in ihrer Ernte,
sondern in ihrer Aussaat.

Ludwig Börne, 1786-1837

Welches Hindernis Ihrer Lebenskraft haben
Sie heute beseitigt?

Lebenskraft

Kann Lebenskraft abhanden kommen? Es gibt Zeiten in unserem Leben, da dies geschieht: durch Krankheit, Krisen, Trauer. Menschen können daran zerbrechen oder wachsen.

Lebenskraft bleibt Gnade, bleibt Geschenk. Wie jede Kraft, will sie fließen, um wirken zu können. Sie braucht dazu ein Gefäß. Ein offenes. Mein Herz, meine Seele, mein Sein. Meine Öffnung zu dieser Kraft hin. Meine Bereitschaft, sie anzunehmen. Meinen Glauben, dass sie gewollt ist. Meine Sehnsucht nach Erfülltwerden. Meine Motivation, sie weiterfließen zu lassen.

Wie äußert sich Lebenskraft? Zuerst in meiner Entscheidung für das Leben. Mein Dasein ist nicht nur, wie ich es wahrnehme. Ich habe eine Ahnung, wie es sein kann. Ich bestimme die Richtung, die mein Lebensfluss nimmt. Ich gestalte. In Schönheit, Liebe und Verantwortung. In der Auswahl meines Tuns, meiner Freunde, meiner Ziele, meiner Grenzen.

Kann ich den Fluss meiner Lebenskraft behindern? Ja. Durch Passivität, Gleichgültigkeit, Resignation, Anspruchslosigkeit, Minderwertigkeit. Durch Unentschlossenheit als dem größten Zeitdieb. Kein Mensch hat eine größere geistige Autorität als Sie über Ihren Lebenspartner oder die Familie. Beten Sie für beide, weil sie erkennen, dass Gott seine Kraft in deren Leben sichtbar werden lässt.

Lebenskraft fließt ewig. Auch in mir. Missachte ich ihren Fluss, führt sie an mir vorbei. Lebenskraft erneuert. Sie schenkt mir Optionen in jedem Alter. Damit kann sie mich aus der Normalität „verrücken". So hat die schale Mittelmäßigkeit keine Chance.

Ich habe beides:
die große Liebe und
Identität mit mir.
Und habe doch
das eine erst, seit ich
auch das andere habe.
Weiß aber nun endlich auch,
was Glück ist.

Hannah Arendt, 1906-1975

Welche Liebesempfindung beglückte Sie heute?

Liebe

Was ist das Leben ohne Liebe? Was die Liebe ohne Leben? Zu Lieben macht das Leben wertvoll. Liebe hat tausend Formen und Facetten. Liebe zu leben heißt, auf die Suche nach ihr zu gehen.

Liebe ist unser Wesen, unsere Sehnsucht. Liebe zu pflegen ist unsere Natur. Liebe allein gibt es nicht. Sie bedarf Gesten und Zeichen. Welches Glück, eine gelingende Beziehung zu üben. Gegenseitige Bereicherung, lebendiger Wechsel von Höhen und Tiefen, Spannung und Entspannung.

Ich kann nicht lieben, weil ich will. Noch weniger aber, weil ich soll, schreibt Immanuel Kant in seiner „Kritik der praktischen Vernunft". Liebe ist eine Sache der Empfindung, nicht des Wollens. Verliebt sein ist ein Zustand. Lieben eine Handlung. Was die Liebe verbindet sind unsere Fragen, nicht unserer Antworten.

Immer wieder bin ich eine Zumutung für die Partnerin. Mein Denken sucht oft vergeblich, die Beziehung zu verbessern. Liebe ist ein Teil meiner Seele, Gedanken sind ein Teil meiner Vernunft. Ich kann Denkfehler begehen, aber keine Emotionsfehler. Darum bleibt die Liebe zerbrechlich.

Ich möchte

dich lieben, ohne einzuengen,
zu dir kommen, ohne mich aufzudrängen,
meine Gefühle mitteilen, ohne dich für sie verantwortlich zu machen,
deiner sicher sein, ohne abhängig zu werden,
nicht in dich eindringen, sondern deine Seele berühren.

Nur wer meint,
festhalten zu können,
leidet.
Wer sich
in den Strom wirft,
wird getragen.
Wer weiß,
dass nichts dauert,
hält sich an die Wandlung.

Luise Rinser, 1911-2002

Welche negative Einstellung konnten Sie
heute loslassen?

Loslassen

Jeder Mensch wird mit der Kraft zur Selbstliebe geboren. Er ist fähig, andere zu lieben, aber auch zu verlassen, sie loszulassen. So kann er sich der Liebe angstfrei überlassen.

Loslassen ist eine der wichtigsten Lektionen, die wir im Leben lernen müssen. Wir schränken unsere Freiheit ein, wenn wir an Gewohnheiten hängen. Jede Art von Abhänigkeit hindert uns, die Persönlichkeit zu entfalten. Durch Loslassen erlangen wir mehr Selbstsicherheit.

Loslassen müssen wir Menschen, die uns verlassen haben, bis in den Tod hinein, ins Leben hinein, zu anderen Partnern. Wir können sie festhalten in unseren Gedanken, mit unserem Hass. Dann bleiben wir an sie Gebundene. Dann können wir uns nicht neu einlassen auf das Leben.

Loslassen macht gelassen. Es stärkt die Muskeln der Seele. Darum ist jeder Abschied auch ein Ruf an unser Selbstwertgefühl. Alle Zukunft ist offen. Eine jüngere Generation wächst heran. Sie will Verantwortung, die sie meist anders definiert.

Eine Beziehung braucht die emotionale Stabilität der Gefühle. Aber die Kraft und Dynamik des Lebens bewähren sich im Loslassen. In der Konzentration auf das Wesentliche. Wenn wir Abschied nehmen, gewinnen wir Freiheit zur Neugestaltung. Schmerzen werden schwinden. Das ist die Ökologie des Lebens.

Es gibt ein Maß in den Dingen.
Es gibt schließlich
sichere Grenzen.
Jenseits und diesseites von ihnen
kann Richtiges niemals bestehen.

Est modus in rebus,
sunt certi denique fines.
Quos ultra citraque
nequit consistere rectum.

Horaz, 65-8 vor Chr.

Erfuhren Sie schon, dass Maß Ihnen innere
Freiheit schenkt?

Maß

Mit diesem Jahrtausend haben wir das Reich der Maßlosigkeit betreten. In einer globalisierten Welt gibt es keine Kleinigkeiten mehr. Das Überdimensionierte ist inhuman. Ihm fehlt das menschliche Maß.

Ohne Maß leidet der Mensch an sich selbst, an seinen inneren Widersprüchen. Die Griechen meinten damit Askese. Sie ist keinesfalls Verzicht, sondern bewusste Einübung in die innere Freiheit. Askese stiftet Frieden. Sie ermuntert zur Nachhaltigkeit.

Aristoteles hat die Philosophie des Maßes als Grundlage sittlichen Verhaltens entwickelt. Seine Begründung aus der inneren Glückseligkeit ist schlüssiger als die kalte des Kantschen Imperativs aus der reinen Pflicht. Darum gehört zur Askese ein gesunder Geist. Keiner der Maßlosigkeit, der sich nur über Luxus und Laster, über Protz und Prestige, über Pferdestärken und Powerspiele definiert.

Die Verantwortung des christlichen Europas ist immens. Eine Alternative zum Narzissmus des marktwirtschaftlichen Erfolges zu eröffnen und eine zum Rausch des religiösen Fanatismus anzubieten. Wir leiden im Abendland auf hohem Niveau. Nur eigene Wünsche aufzuschieben und zu teilen, wird uns weiteren Genuss erlauben. Wird die Völker versöhnen.

Ich kann nicht alles. Ich brauche nicht alles, was ich will. Nur so finde ich jenes Maß, das mir guttun wird. Ich bin auf dieser Erde nicht nur zum Siegen da. Ich möchte der Endlichkeit fähig werden.

Mitgefühl ist
die antropologische
Grundausstattung des Menschen.

Jean-Jacques Rousseau, 1712-1778

Konnten Sie heute Mitgefühl empfinden?

Mitgefühl

Mitgefühl macht mich zum Menschen. Es offenbart, dass auf der Welt alles mit allem verbunden ist. Dass ich berühre und berühren lasse. Dass meine Seele nach Begegnung hungert. Dass mein Lächeln ein offenes Herz anzeigt.

Ein Mensch mit einem großen Herzen wird immer wieder an Störungen des Gleichgewichts leiden. Was hat ihn nicht alles ein Leben lang verletzt? Mitgefühl lässt meinem Partner Zeit, das Wellental dieser Stimmung zu erfahren. Es ist der Mut, trotz aller Gespaltenheit das Leben zu durchwärmen.

Wenn ich Mitgefühl empfinde, leide ich mit jemandem. Es ist mein Interesse am Schicksal des Nachbarn. Mitgefühl kommt aus dem Griechischen „sympatheia". Es erinnert an das anziehende Wort Sympathie. Es achtet Lebendiges auch dann, wenn es unnütz zu sein scheint.

Leid verdient Mitgefühl. Es ist Religion, die Rückbesinnung zum Schöpfer. Eine wichtige Triebfeder unserer Moral ist Mitgefühl. Es sympathisiert mit allem, was leidet, mit jedem Geschöpf. Behinderte wollen kein Mitleid, sondern Gleichwertigkeit.

Mitgefühl

macht mich zum sozialen Wesen,
hängt in hohem Maße von der Nähe ab, die sinnlich erfahren wird,
ist das Prinzip und Fundament der Ethik,
lebe ich durch Anteilnahme am Menschen,
begegnet mir in der Güte,
erfahre ich durch Milde und Großmut.

Wir Komponisten
sind die Projektoren des
Unendlichen ins Endliche.

Edvard Grieg, 1843-1907

Welche Musik erlebten Sie heute als
sinnliche Erfüllung?

Musik

„Kultur ist die Gemeinsamkeit aller Formen der Kunst, der Liebe und des Denkens, die im Verlaufe von Jahrtausenden dem Menschen erlaubt haben, weniger Sklave zu sein." Ich bewundere diese Klarheit von André Malraux. Mehr noch jenen Gefühlsreichtum von musikalischer Lyrik und Prosa.

Das Geschenk von Geborgenheit und Wärme habe ich nicht in jedem Lebensabschnitt erfahren. Meine Lebenskunst bedient sich der vitalsten Kraft, um Trost zu schöpfen: der Musik. Sie bekräftigt, was ich im Transzendenten erspüre oder vielmehr, was ich darin suche. Tschaikowsky sprach von Mozart als „unvergleichbarem Seelentröster".

Musik in reinster Form erfüllt uns Menschen so ganzheitlich, wie es keiner anderen Kunst und keiner Art der Kommunikation gelingt. Mich stärken täglich lichtvolle Bilder der Musik, kühn, stolz, sinnlich, feurig, epikureisch, zwischen süßer Schwärmerei und elegischer Traurigkeit.

Mann und Frau verkörpern eine Melodie: zuweilen adagio, dann wieder appassionato. Die einen sostenuto, manche con brio. Zuweilen dissonante Töne, um sich zu erkennen. Andere ziehen die Harmonie wechselnder Modulation vor: mediterrane Leichtfüßigkeit, sonnenbeglänzte Heiterkeit, immer wieder mal Melancholie.

Musik meistert die Herausforderung, zwischen Euphorien und Ungereimtheiten des Alltags unsere Seele zu streicheln. Musik ist die Nahrung der Lebenskunst und Freude die Nahrung der Musik. Töne verklingen, aber sie bleiben als unsere Inspiration.

Selig sind
die Stunden der Untätigkeit,
denn in ihnen
arbeitet die Seele.

Egon Friedell, 1878-1938

Gelang Ihnen heute eine Weile der Muße?

Muße

Die Arbeitszeit hat sich in hundert Jahren halbiert. Kommt es da nicht einer Lästerung gleich, Zeitängste zu beklagen? Das Kürzel a.s.a.p. „as soon as possible" ist zum Kult verkümmert. Sind es nicht eher Versäumnisängste, die wir in unserer Hektik fürchten?

Die Weile ist wohl nutzlos. Aber sinnvoll. Zeit haben. Welch ein Geschenk. Bewusst leben. Wahrnehmen. Nachdenken. In der Langsamkeit mehr spüren, schmecken, fühlen, genießen, riechen, lauschen, verweilen, staunen, erahnen.

Im Athen und Rom der klassischen Antike war die gemächliche Bewegung ein Statussymbol, die Eile eine Eigenschaft der Sklaven. Lebenskunst verlangt müßige Produktivität und bewusste Langsamkeit. Beim Genuss des Mahles, in der Zuwendung, bei der Pflege von Beziehungen.

Ich wehre mich gegen den Zeitgeist, Langsamkeit als Schwäche anzusehen. Es ist vielmehr mein Mut zur Stille, zum Innehalten, zur Einkehr. Ich wage die Kunst der Entschleunigung. Ich gewinne Leben. Ich schätze die Passivität als Wert. Lebenskunst pflegt Muße. Hast verletzt die Liebe.

Rast die Zeit nicht deshalb, weil ich

mich nicht mehr auf das Leben einlasse,
immer verfügbar sein will,
mein Selbstwertgefühl über das Handy definiere,
dabei bin, mich aufzugeben,
beim Essen keine Begegnung mehr zelebriere,
nicht mehr mit Unerledigtem leben kann,
das Alleinsein mit mir nicht pflege?

Nur das nicht:
dass ich mich daran gewöhne,
dass du den Weg zu mir
gefunden hast.
Nur das nicht:
dass das unaussprechlich Schöne,

das mich in Deiner
Gegenwart erfasst,
alltäglich wird,
beraubt des reinen Glanzes
des Einzigartigen.

Lass mich
zur rechten Zeit allein,
dass ich mich immer
tiefer auf Dich freue

Annemarie Bostroem, *1922

Wie nah waren Sie sich heute selbst?
Wie nah einem anderen Menschen?

Nähe

Frauen und Männer leben in unterschiedlichen Welten. Sie haben andere Wertvorstellungen. Sie gehorchen verschiedenen Gesetzen. Beziehungen bekommen Risse, wenn diese Unterschiede der Evolution nicht klar sind. Dann kann keine Verwandschaft der Seelen entstehen.

Der Rhythmus von Kontakt und Rückzug bildet die Grundlage für den psychisch gesunden Menschen. Zu jeder Nähe gehört der ehrliche Austausch über meine Gefühlslage, Wünsche und Bedürfnisse. Nähe ist ein Prozess sich laufend ändernder Gefühle.

Ich wertschätze Nähe. Ich erwidere sie. Ich darf sie nicht gedankenlos konsumieren. Sie ist der Gradmesser, wie tragfähig eine Beziehung ist. Nähe bedeutet immer wieder loszulassen. Dazu gehören auch Erwartungen an andere.

Nähe kann auf Dauer nur - und sei es noch so sparsam und behutsam - von Gesten des Wohlwollens und der Berührung leben: wenn ich Gefühle, Ängste, Zweifel, Leistungen, Misserfolge mit jemandem teile. Wenn ich die Bedürfnisse meines Partners wie die eigenen wahrnehme. Dennoch: Einen Menschen lieben heißt, immer bei mir zu bleiben.

Nähe ohne Distanz führt zum Aufprall. Distanz ohne Nähe zur Trennung. Nähe öffnet sich und schüttet ihr Herz aus. Sie überbrückt Abstände. Nähe ist teilen, mitteilen. Sie versteht mich, sie lässt mich Geborgenheit fühlen. Sie wendet sich mir zu. Aufmerksame Kommunikation stärkt die Gemeinsamkeit und jede Gemeinschaft.

Tu erst das Notwendige,
dann das Mögliche,
und plötzlich
schaffst du das Unmögliche.

Franz von Assisi, 1181-1226

Wodurch hatten Sie heute Grund
zum Optimismus?

Optimismus

Ein Optimist, auf lateinisch „der Beste", sieht in jeder Schwierigkeit eine Gelegenheit. Ein Pessimist sieht in jeder Gelegenheit eine Schwierigkeit. Der Welt zustimmen bedeutet das Ja zu einer Erde, nicht wie sie ist, sondern wie sie sein kann.

Aus dieser Haltung heraus sorge ich mich nicht um die Zukunft. Wenn ich nämlich zu weit vorausschaue, wird mein Dasein zur Last. Ich glaube an das Leben. Ich bin wach für die Kostbarkeiten des Augenblicks.

Optimismus ist sprühendes Leben in allen seinen Schattierungen. Er reißt unser Dasein aus der schalen Mittelmäßigkeit. Eine widersprüchliche Zeit braucht Menschen, deren Lebenslust im Alltag Hoffnung verbreitet.

Ich kann nur dazu ermutigen, was ich in mir selbst verwirklicht habe. Stets ist der Optimismus des Lächelns der kürzeste Weg zwischen zwei Menschen.

Optimisten wandeln auf den Wolken, unter denen die Pessimisten Trübsal blasen. Für den Optimisten ist das Leben kein Problem, sondern bereits die Lösung.

Weißt Du nicht,
dass es ohne Dich,
ohne Dein Herz,
ohne Deine Liebe
für Deinen Gatten
weder Glück noch Liebe gibt?

Fern von Dir
sind die Nächte lang,
schal und traurig.
Neben Dir wünschte man,
dass die Nacht
nie zuende geht.

Napoleon, 1769-1821
an Joséphine de Beauharnais

Kreisten Ihre Gedanken heute nur um Ihren
Partner? War dies gut für Sie, für ihn?

Partnerschaft

Zu einer guten Beziehung gehört die Prosa des Alltags und die Poesie einer gemeinsamen Zukunft. Sie wird auf Dauer nur Bestand haben, wenn der Partner die spirituellen, emotionalen, intellektuellen und physischen Eigenschaften besitzt, die mir wichtig und wertvoll sind. Dann kann ich auch die emotionale Gütertrennung aufgeben, die da heißt: mein Glück, dein Erfolg. Meine Karriere, dein Verlust.

Ein guter Partner ist mein Spiegel. Ich sehe ihn als Stimme des Unterbewußten an, weil ich sonst alles Unangenehme verdränge. Dessen liebevolle Aufarbeitung stärkt den Zusammenhalt.

Wir kreisen um den Partner, was er tut, was er fühlt, was er von uns denkt, ob er mich wirklich liebt... und vergessen dabei die Nähe zu uns selbst. Einen Menschen lieben heißt, immer bei sich selbst zu bleiben und dennoch den Partner zu fördern.

Es gibt nur eine Möglichkeit, eine Beziehung zu leben, wie Sie es sich vorstellen. Sie schreiben Ihr Drehbuch von positiver Energie, Gefühlen und Gedanken. Damit durchbrechen Sie den Teufelskreis von Opferhaltung, Abwertung, Verurteilung. Sie bleiben dabei, bis sich alles realisiert.

Ob mit Ihrem derzeitigen Partner oder mit einem Menschen, dessen Schwingungen besser mit den Ihrigen in Einklang stehen oder gar eine Sinfonie erfahren, wird sich bald zeigen. Das ist Ihr Mut zum Glück. Greifen Sie ruhig nach den Sternen, wenn es um die Qualität Ihrer Wünsche geht. Was aber lehrt uns die Liebe: dass wir nicht alles wissen.

Es liegt in der
menschlichen Natur,
vernünftig zu denken
und unlogisch
zu handeln.

Anatole France, 1844-1924

Wie oft erfuhren Sie die Wohltat, einem
gereiften Menschen zu begegnen?

Reife

Wer mag schon Menschen, die behaupten: ich bin reif, ich habe es geschafft. Was ist Reife? Keinesfalls eine dicke Schneeschicht auf meinem Leben. Sie gleicht dem Tau, der morgens wohltuend Leben bedeckt, der Patina, die ein Kunstwerk veredelt. Reife ist nicht an höheres Alter gebunden. Ihre Chancen, sich auszubilden, sind dann aber wahrscheinlicher.

Welche Wohltat, einem gereiften Menschen zu begegnen. Reife schließt Ruhe zur Überlegung ein. In ihr wächst die Besonnenheit, die Sonne über den Dingen erstrahlen zu lassen. Es gelingt die Fähigkeit zur Zusammenschau. Ursachen und Gründe für Ereignisse, für Entwicklungen verstehe ich jetzt ganzheitlich.

Das Bewusstsein für den Umgang mit der Zeit wächst. Ich überlege und entscheide sorgsamer, was ich mit ihr anfange und wie ich sie ausfülle. Meine Unabhängikeit von Menschen, Dingen, Meinungen kann ich einsetzen, um Veränderungen zu schaffen. Wahre Reife erteilt Neid, destruktiver Kritik und Starrsinn eine Absage. Wohlwollen und echtes Mitgefühl blühen auf.

Im Reifen kann ich vieles erreichen. Ich will nichts festhalten. Ich sehe mein Leben als Fluss zu neuen Ufern. An denen ich in Gelassenheit weile. Reife schenkt Klarheit über mich. Ich kann nicht alles, erahne nicht alles, möchte nicht alles, bewege nicht alles.

Ich weiß, was ich vermag. Mein Streben nährt sich aus meiner Sicherheit. Diese weise Erkenntnis ist befreiend. Gereifte Reife.

Einer sagt,
Reiter sind schön,
ein anderer
findet Kriegsschiffe schön.
Ich aber nenne schön,
wonach einer sich sehnt.

Sappho, um 604 vor Chr. auf Lesbos

Was fanden Sie heute besonders schön?

Schönheit

Schönheit in sich selbst und in seinem Umfeld zu sehen, ist der natürliche Antrieb eines ästhetischen Menschen. Eine geliebte Person, ein angenommenes Wesen fühlt sich schön. Lassen Sie uns die innere Schönheit, die der Schöpfer in jeden Menschen gelegt hat, erspüren und schätzen.

Schönheit ist das Lächeln der Anmut, Güte, Freundlichkeit, Heiterkeit, des Frohsinns und letztlich die Meisterschaft der Lebenskunst. Schönheit ist ein nicht wegzudenkender Bestandteil der Persönlichkeit eines Menschen. Jede Ermutigung macht schön.

Schönheit erinnert sich der eigenen Fähigkeiten, die jedem Menschen innewohnen: seinen intuitiven Gaben zu vertrauen, das Leben nicht allein durch Leistung zu definieren, durch Ziele Kraft zu schöpfen, den vermeintlichen Zwängen entgegenzutreten.

Schönheit hat immer etwas mit der Liebesfähigkeit zu tun. Schönheit ist das Erregendste, das mir im Leben widerfährt. Immer ist ein Stück Begehren dabei. Darum ist sie auch das Zerbrechlichste und das am schnellsten Vergängliche. Schönheit ist Herz und keine Geometrie, ist Seele und nicht nur Fassade.

Alter verändert die Schönheit, löscht sie aber nicht aus. Wo Charakter ist, ist auch Schönheit. Sie muss nicht immer Symmetrie sein, weil Perfektion Langeweile verbreitet. Schön ist, wer liebt, auch sich selbst. Schönheit wird so zum Spiegel der Seele.

Der eine wartet,
dass die Zeit sich wandelt.
Der andere
packt sie kräftig an
und handelt.

Dante Alighieri, 1265-1321

Welches kleine oder große Glück haben Sie
heute für sich erschaffen?

Schöpfung

Zufriedenheit ist gut, Begeisterung ist besser. Das Bessere ist der Feind des Guten. Begeisterung ist Leben, ist
Schöpfung. Ich werde dann mit der Kraft des Wohlbefin-
dens, die weisen Griechen sagten „Eutonie", verbunden.

In der Fähigkeit zur Begeisterung steckt die schöpferische
Kraft der Lebenskunst. Sie wird durch die Aufregung her-
vorgerufen, dass ich etwas erschaffe. Zufriedenheit kommt
auf, wenn ich sehe, was ich erreicht habe. Sie ist statisch,
Begeisterung dagegen dynamisch.

Schöpfung bedeutet nicht, vor lauter Überschwänglichkeit
abzuheben. Es ist vielmehr meine intrinsische Erkenntnis, dass kein Mensch auf dieser Welt ist, um mir Wünsche zu erfüllen. Auch mein Partner schuldet mir nichts.
Seine Liebe, seine Zuwendung, seine Nähe sind und bleiben Geschenk.

Ich selbst bin der Schöpfer meiner Realität und damit für
mein Glück ver-antwort-lich. Ich gebe die Antworten auf
meine Träume, Wünsche, Sehnsüchte. Damit trete ich aus
der Defensive. Ich werde zum Schöpfer und bleibe nicht
länger Opfer.

Jeden Tag „erschaffe" ich mir kleine, größere, auch unsin-
nige Sachen. Je mehr Begeisterung ich entfalte, desto ra-
scher werde ich am Ziel sein. Ich achte behutsam darauf,
welche positive Energie ich aussende. Dabei bin ich erfinderisch und verwegen kreativ. Ich schöpfe aus der Schöpfung.

Sehnsucht ist ein
gesundes Element der Seele.
Sie hat die Eigenschaft,
menschliche Beziehungen
zu verbessern.
Richte deine Beziehungen
auf mehr Sehnsucht
als auf Gewohnheit ein.

Arthur Schnitzler, 1862-1931

Was erfuhren Sie heute über die Sehnsüchte
der Ihnen anvertrauten Menschen?

Sehnsucht

Ging es Ihnen nicht auch wie mir? Sie leben lange Zeit mit Ihrem Partner oder den Kindern in einer Gemeinschaft und wissen wenig über deren innigste Sehnsüchte. Unsere Träume liegen oft so tief, dass wir sie einfach nicht in Worte fassen können.

Fragen Sie die Ihnen anvertrauten oder besonders am Herzen liegenden Menschen, welche Sehnsüchte sie hegen. Viele davon warten nur darauf, in Erfüllung zu gehen. Vor jedem unserer Ziele steht eine Vision. Sie ist kein Traum, sondern der erste Schritt zur Tat. Diese Sehnsüchte vermitteln Orientierung, beflügeln uns und tragen weiter.

Hoffnungen spinnen heißt, das Undenkbare zu denken. Noch nie hat sich etwas zum Guten entwickelt, wenn es nicht von verantwortungsbewußten Köpfen und sehnsüchtigen Herzen vorausgedacht wurde.

Beten Sie für Ihren Partner, dass er seine Träume mit Ihnen teilen kann. Dass ihrer beider Visionen zusammenpassen. Dass dennoch jeder sein Leben in Nähe ohne Enge führen kann. Dieses Ihr Interesse an menschlichen Schicksalen bedeutet, dazwischen und nicht nur daneben zu stehen. Es wird uns alle mit mehr innerem und äußerem Frieden segnen.

Jeder Mensch trägt Sehnsucht in sich. Nach Geborgenheit, nach Unendlichkeit, nach Unerschöpflichem, nach Ewigem. Ich frage: wer bin ich? Wohin gehe ich? Ich muss nicht alles haben, erfahren. Ich will auch Sehnsucht empfinden. Ich kann loslassen. In Sehnsucht schwelgen. In Gelassenheit und innerer Freiheit.

Freundschaft ist die Kunst
des freien Menschen.
Nicht Nutzen und Lust,
sondern der Wert an sich
bestimmt unsere Selbstlosigkeit.

Albert Camus, 1913-1960

Wie bereicherte praktizierte Selbstlosigkeit
Sie heute?

Selbstlosigkeit

Jeder Fremde verkörpert die Abhängigkeit des Menschen vom Menschen. Fremde brauchen Freunde, wir auch. Die biblische Tradition und die daraus abzuleitende christliche Verpflichtung ist eindeutig: „Wenn ein Fremdling bei euch weilt, dann sollt ihr ihn nicht bedrücken. Er soll bei euch wohnen wie ein Einheimischer. Du sollst ihn lieben wie dich selbst. Denn ihr seid auch Fremdlinge gewesen."

Wie ist meine, wie ist Ihre Exegese dazu? Selbstlosigkeit ist schwierig in hektischer Zeit. Wert, Lust und Nutzen können keine allein gültigen Kategorien des menschlichen Zusammenlebens sein. Es bedarf des Altruismus.

Grundlage jeden Glücks ist die Freude, dem anderen hilfreich zu sein, ohne unmittelbare Erwiderung zu erwarten. Selbstlosigkeit ist eine Tugend mit viel Zukunft. Durch Selbstlosigkeit werde ich mein „Selbst" los und gewinne mich selbst.

Altruismus meint den und die Anderen: selbstlos, uneigennützig, immer wieder auch aufopfernd. Das heisst nicht, sich aufzugeben. Vielmehr tausche ich meinen Narzissmus gegen ein Wunder wirkendes Einfühlungsvermögen.

Wer Empathie pflegt, lässt die Seelen zusammenströmen. Dann wird der Erfolg des anderen auch zu meinem. Wozu leben wir, wenn wir nicht selbstloser werden, um des Friedens in der Völkergemeinschaft willen?

 An den wichtigsten
Scheidewegen unseres Lebens
stehen keine Wegweiser.

Ernest Hemingway, 1899-1961

**Wann trafen Sie zuletzt eine Entscheidung
aus dem Vertrauen zu sich selbst?**

Selbstvertrauen

Wir Menschen sind einfach strukturiert. Jeder will das Gleiche: Vertrauen, Berührung. Warum erfüllen wir diese Sehn-Süchte so selten? Weil wir uns fürchten, Verantwortung für uns zu übernehmen, wirkliche Nähe zuzulassen, dem vermeintlichen Zufall zu trauen? Weil wir von früheren Verletzungen geprägt sind? So kann uns das Glück nicht berühren.

Ich kann immer wieder allein sein. Dabei bin ich aber nicht einsam. Ich nähre Sehnsüchte und kann mich spontan freuen über unverdiente Geschenke. Misslingen werte ich nicht als Scheitern, sondern als Chance zu neuen Ufern. Alles hat seinen höheren Sinn, auch wenn ich ihn nicht zu deuten weiss.

Ich befreie mich vom Wahn des Perfektionismus. Dieses Leben ist kein Grundlagenforschungsinstitut. Wir arbeiten oft mit zweitbesten Lösungen. Ich gebe nach, aber nicht auf. Ich kann loslassen im Vertrauen auf meinen Schöpfer. Ich versuche authentisch zu sein und nehme mich nicht zu wichtig. Ich bin gütig zu mir selbst und kann damit anderen neidlos den Erfolg gönnen.

Ich lasse mir nicht länger vom Schloßgespenst einer sogenannten öffentlichen Meinung den Gehörgang vollrieseln. Ich lebe nicht nach gesellschaftsfähigen Verhaltensweisen oder nach genehmigten Gefühlen.

Ich leiste Widerstand und setze Zeichen in der Welt, damit Solidarität und Zärtlichkeit wieder spürbar werden. Mein Glück entscheidet sich nicht daran, ob ich an Gott glaube, sondern ob ich bei all meiner Unvollkommenheit Gott zu leben versuche.

Die Liebesfreuden,
die wir zusammen genossen,
brachten so viel
beseeligende Süße.
Ich kann gehen, wohin ich will.
Immer tanzen die lockenden
Bilder vor meinen Augen.
Sogar mitten im Hochamt
drängen sich diese
wolllüstigen Phantasiegebilde
vor und fangen meine
arme Seele ganz und gar.

Pater Abaelard, 1079-1142
an seine Schülerin Heloïse

Welche Ihrer Phantasien werden Sie in der
Sexualität umsetzen?

Sexualität

Sexualität ist Energie, die in uns ruht. Sie schließt tiefes Erkennen und verletzliches Erkanntwerden ein. Sexualität ist apart: „in ausgefallener Weise ansprechend".

Sie ist Ausdruck orgiastischer Kreativität. Eine Fähigkeit, das weibliche Wesen als Phänomen zu entschlüsseln. Den Mann als ewiges Rätsel zu entmystifizieren.

Sexualität

lebt Erotik aus,
kann Stunden ohne Schlaf sein. Keine des Mangels, sondern der Fülle,

sind Wünsche: geäußerte und erfüllte,
zeigt volle Brüste, die sich leicht in die Schwerkraft des Lebens geschmiegt haben,

ist die Lust am Spiel mit dem eigenen Körper und dem des Partners,
zeigt hingebungsvolle Lüsternheit,

spiegelt sich in schrankenlosen Liebesspielen,
eröffnet bedingungslose Hingabe, oft bis zur Preisgabe,

offenbart angstlose Hemmungslosigkeit,
bereitet sublimstes Vergnügen in extatischer Frivolität,

feiert ihre orgastische Zügellosigkeit,
zelebriert intergalaktische Wolllust.

Alles hat man herausgefunden,
nur nicht, wie man lebt.

Jean-Paul Sartre, 1905-1980

In wessen Leben haben Sie ein Licht gebracht?

Sinn

Wie kann ich im irdischen Dasein Erfüllung finden? Ich habe fünf Sinne bekommen, um die Erde zu entdecken. Damit erschaffe ich mein Weltbild. Wer mit wachen Sinnen auf das Leben zugehen kann, erfährt mehr von seinem Geheimnis und seiner Schönheit. Er findet zum Genuss, zur Freude und letztlich zur Lebenskunst.

Offen begegne ich den Schattenseiten des Lebens. Das schmerzt, weckt Mitgefühl und Herzlichkeit. Wer lieben und trauern kann, mit all seinen Sinnen, der spürt und erlebt, dass er eingebunden ist in etwas Größeres, eine Ordnung. Er gewinnt in sich eine geistige Heimat.

Sinnvolles Dasein ist Leben in der Zeit. Wenn ich mich an die Vergangenheit oder Zukunft hänge, lebe ich nicht sinnvoll. Ich wage, oft gegen meine Ängste, die Begegnung von Mensch zu Mensch. Gelingende Beziehungen gedeihen weniger von guten Vorsätzen. Sie leben von meinem Verständnis der Andersartigkeit des anderen.

Die Sinnfrage der Lebenskunst kann sich auf den Satz reduzieren: Habe ich geliebt? Wem habe ich Nähe geboten? In wessen Leben habe ich ein Licht gebracht? Dies wird stets eine Kunst zwischen Lebensfreude und Agape, zwischen Genuss und Caritas, also der Nächstenliebe sein, weil sie letztlich der Maßstab meiner eigenen Liebesfähigkeit ist.

Alle Katastrophen der
Geschichte haben sich im
Geistigen und Sittlichen
ereignet, ehe sie sich in
Machtkämpfen dargestellt haben.

Sie sind also angewiesen
auf ein besseres Klima
des Denkens, des Glaubens,
des Wünschens.

Reinhold Schneider, 1903-1958

Hatten Sie heute den Mut, sich solidarisch
zu zeigen?

Solidarität

Auf unserer Erde ist alles miteinander und untereinander verbunden. Moralität üben heisst teilen. Sie schenkt der Freundschaft, der Nachbarschaft, der Partnerschaft, der Gemeinschaft von Völkern und Generationen die Zukunft.

Die Not der Welt darf mich nicht nur als stummen Zeugen erfahren. Sie fordert mich als Akteur der Solidarität. Sie ist die Quintessenz der Zivilisation, der maßgebliche Impuls für mein ethisches Handeln. Nichts von allem, was mir widerfährt, geschieht von selbst. Es geht auf den Willen zur Solidarität zurück, der auf mich gerichtet ist. Geborgenheit verlangt hoffnungsstiftende Ethik.

Wenn wir uns in Solidarität üben, sind wir alle barmherzige Samariter. Die Bibel verlangt kein zugedrücktes Auge, keine platonische Zuwendung, keinen narzisstischen Einsatz. Sie fordert schlicht und einfach meine praktizierende Liebe.

So viele Seelen funken heute SOS. Solidarität hilft und baut auf. Sie verbündet sich und tritt ein. Sie strebt nach der Utopie einer besseren Welt. Sie ermutigt und tröstet. Die Kultur der Solidarität beginnt in meinem Herzen. Sie hofft in diesem Leben und darüber hinaus.

Jeder Mensch
ist eine ganze Welt.
Wer einen einzigen
Menschen rettet,
rettet damit
die ganze Welt.

Talmud

Kennen Sie Spiritualität als innere
Kraftquelle?

Spiritualität

Jeder Mensch ist religiös, sagt Paul Tillich. Wie kann man heute, bei soviel Elend, noch an Gott glauben? Die Philosophie der Aufklärung hat doch gezeigt: Gott kann man nicht beweisen.

Ich erkenne einen Sinn in allem, was mir widerfährt. Auch was ich (noch) nicht verstehe, was mich beglückt, was mir Halt schenkt. Die Hoffnung auf ein Jenseits gibt mir die Kraft in den Wirrungen des Diesseits. Darum nehme ich Anteil an menschlichen Schicksalen. Meine Verantwortung bedeutet, dazwischen und nicht daneben zu stehen.

Religion ist der Abschied von politischer Unschuld. Sie macht betroffen. Sie mischt sich ein. Ohne Mitleiden wird es in der Welt keinen Frieden geben. Religion dokumentiert sich in der universellen Verantwortlichkeit des Menschen. Es gibt kein Elend, das mich nichts angeht.

Das lateinische Wort „religio" bedeutet Rückbindung. Ich beziehe mich auf eine sinnstiftende Vision, frage nach meinem Woher und dem Wohin. Frömmigkeit, die aber nicht in den Alltag führt, ist religiöser Selbstgenuss. Jede Theologie steht und fällt mit Religion. Ihr ist die Verantwortung für die Leidenden aufgetragen. Religiöse Heilsgeschichte kann sich nicht gleichgültig gegenüber dem Drama der Weltgeschichte verhalten.

Der Mensch muss Liebe erfahren haben, damit er sich selbst bejahen kann. Selbstvertrauen und Weltvertrauen sind nur durch die Liebe möglich. Religion ist keine Verfügungsmasse des Individuums. Sie ist ein Geschenk Gottes: sein eschatologisches Angebot.

Schöne Sonne, die aufgeht,
ihr Werk nicht vergessen hat
Und beendet, am schönsten im Sommer,
wenn ein Tag
An den Küsten verdampft
und ohne Kraft gespiegelt die Segel
Über dein Aug ziehen,
bis du müde wirst
und das letzte verkürzt.

Ingeborg Bachmann, 1926-1973

Worüber staunten Sie zuletzt?

Staunen

Zum Staunen gehört das Innehalten. Staunen ist die erste mystische Grundhaltung, sagte Dorothee Sölle. Dieses Wort hat seinen Ursprung im griechischen „myein": nach innen schauen. Aus diesem Rückzug spüre ich die tiefere Verbundenheit, die Nähe zu mir.

Staunen läßt mich eine fliedertrunkene Maiwoche. Ein sonniger Herbsttag, wo jedes Blatt zur Blüte wird. Wer staunen kann, ist spontan. Er kann sich freuen über Unerwartetes, Unerhofftes, Unergründliches. Er überrascht sich selbst, weil er der Routine eine nicht vorgesehene Freude abringt.

Die Fähigkeit zu staunen ist eine der wirkungsvollsten Anregungen für unser Immunsystem. Darum unternehme ich alles, um diese Tugend in mir zu stärken. Ich empfinde tiefer. Ich spüre Verborgenes in mir auf.

Das aufregendste Abendprogramm auf der Welt größtem Bildschirm ist immer noch ein Sonnenuntergang. Meine Bereitschaft zu staunen lässt mich Wunder vollbringen. Ich bin nicht länger von Vorurteilen gefesselt. Ich folge dem Impuls des Augenblicks. Ich lebe meine Träume und träume nicht nur mein Leben.

Ich bin dann auch nicht traurig, wenn keineswegs alle Träume sich erfüllt haben. Arm ist nur, wer nie geträumt hat. Das Leben kennt keine Vollkommenheit. Wer staunt, kann das Leben küssen.

Tanz ist ein Telegramm
an die Erde mit der Bitte
um Aufhebung der Schwerkraft.

Fred Astaire, 1899-1987

Wählen Sie Ihren Tanzpartner selbst
oder lassen Sie sich wählen?

Tanzen

„Er stürzt sich in den Tanz und wirbelt sich in die Luft. Als hätte er Flügel, um die erhabenen Gesetze der Natur zu bezwingen. Es war, als befände sich in diesem wurmstichigen Körper die Seele im Kampf mit dem Fleisch..." So beschreibt Nikos Kazantzakis die mitreißende Kraft des Tanzens bei seinem Romanhelden Alexis Sorbas.

Tanzen

ist wortlose Gestaltsprache,
kann meditativ-spiritueller Ausdruck sein,
trägt das Erbe der Kultur weiter,
ist mitfühlende körperliche Zuwendung,
zeigt nonverbale Körpersprache,
ist triadische Harmonie zwischen zwei Menschen und der Musik,
transformiert Glück und Trauer in harmonische Bewegung,
ist Dis-Tanz und Nähe zugleich,
drückt Gefühle körperlich aus,
ist Intensität, Spannung und Dynamik,
erlaubt Tempo und Ruhe,
vermittelt Spiel und Kontemplation,
ist Gelassenheit und Ausgelassenheit,
schenkt emotionale Streicheleinheiten,
ist Fest und Sinnesfreude,
ist Grazie und Anmut, gepaart mit erotischer Eleganz,
ist Intimität und Frivolität,
provoziert Zärtlichkeit,
kann der vertikale Ausdruck eines horizontalen Wunsches sein,
deutet Lebenshaltung und Kultur an.

Die Zukunft hat viele Namen.
Für die Schwachen
ist sie das Unerreichbare.
Für die Furchtsamen
ist sie das Unbekannte.
Für die Tapferen
ist sie die Chance.

Victor Hugo, 1802-1885

Bewährte sich Ihre Tapferkeit schon einmal
in der Ablehnung schaler Kompromisse?

Tapferkeit

Wenn ich mutig bin, brauche ich noch lange nicht tapfer zu sein. Mut hat der Mensch, Tapferkeit erwirbt er erst. Mut erprobt sich in Aktivität. Tapferkeit offenbart sich auch im Passiven, in einem langen Atem.

Immer wieder bin ich gefährdet, der Furcht nachzugeben oder zurückzuweichen, wo ich gefordert bin. Wo der Nächste mich braucht. Wo die Würde mit Füßen getreten wird.

Ich beginne die Lebensreise nach meiner Jugend voller Ungewissheit. Offenheit als intellektuelle Redlichkeit ist mir wichtiger als meine Überzeugung. Der Zweifel ist die Spore des Gedankens.

Ich bin tapfer,

wenn ich Vertrauen pflege, auch wenn es mich verletzlich macht,
wenn ich ausgelassen bin, weil ich dann als kindlich angesehen werde,
wenn ich Gefühle zeige, weil ich dann als sentimental gelte,
wenn ich frei von Zwängen bin, mich überall beliebt zu machen,
wenn ich faule Kompromisse ablehne und für die Nächstenliebe eintrete.

Tapfer zu sein ist mein Optimismus. Wenn ich nichts riskiere, riskiere ich zu vergehen, ohne je gelebt zu haben.

In unseren Freunden
suchen wir,
was uns fehlt.

Thornton Wilder, 1897-1975

Wann haben Sie das letzte Mal erfahren,
dass Teilen Freude verdoppelt?

Teilen

Als Lebewesen werden wir geboren. Menschen müssen wir erst werden, indem wir die Kultur des Teilens lernen und üben. Hat Jean-Paul Sartre wirklich recht in seinem Werk „Sein und Nichts": Lieben sei Geliebt-werden-Wollen und könne daher nie ans Ziel gelangen, weil der liebende andere auch nur geliebt werden wolle?

Menschen entfalten sich, indem sie einander verwirklichen in Solidarität. Lateinisch „solidus", gediegen, fest, nicht beliebig. Teilen ist immer ein Stück Solidarität, ist der Maßstab für den ethisch-moralischen Kanon einer Gesellschaft. Teilen wir, damit wir teilhaben.

Wir alle leben auf demselben Planeten. Darum kann nur Zusammenarbeit das Stichwort dieses Jahrhunderts heißen. Wer die Teilung unserer Welt überwinden will, muss teilen können. Zukunft schafft letztlich nur, wer die Kunst beherrscht, Menschen und Ressourcen nachhaltig aufeinander abzustimmen. Sie miteinander zu versöhnen und damit das Wohl aller zu wollen.

Nach der christlichen Soziallehre sind die Güter der Erde für alle da. Arbeit hat wie das Eigentum eine soziale Hypothek. Sie ist damit kein persönlicher Besitz. Teilen wir mit anderen. Aller Reichtum gehört dem Universum und nicht allein uns. Teilen wir unsere Ideen, unsere Arbeit, unsere Herzen, unsere Freuden, unseren Wohlstand und unseren Überfluss.

Man will nicht nur
glücklich sein, sondern
glücklicher als die anderen.
Das ist deshalb so schwer,
weil wir die anderen
für glücklicher halten,
als sie es sind.

Charles de Montesquieu, 1689-1755

Wann beginnen Sie, einen Ihrer Träume
zu planen?

Träume

Hoffnungen sind die Tagträume wacher Menschen. Ich träume in allen Lebensbereichen. Ich träume in jeder Lebensphase.

Wie werde ich die Partnerin meiner Träume erkennen? Mir ist es mit Fragen gelungen, die auch für Sie passen könnten:

Besitzt sie die emotionalen, spirituellen, physischen, intellektuellen Eigenschaften, die mir wichtig und wertvoll sind? Was kann ich geben, um ihre Bedürfnisse zu befriedigen? Kenne ich diese? Ist sie meine beste Freundin? Geben wir einander Freiraum und Impulse aus den unterschiedlichsten Biografien, um zu wachsen und zu lernen?

Wollen wir offen miteinander reden, auch über Ängste? Können wir uns im Alleinsein, im Loslassen regenerieren? Schaffen wir es, den Grundsatz zu durchbrechen, dass jeder Mensch ein Defizit an Liebe hat und daher oft nicht die Kraft, als erster damit anzufangen.

Haben wir gemeinsame Ziele, Werte, Überzeugungen, Spiritualität? Bewegt sich das Spektrum unseres Lebens zwischen Eros und Gebet, zwischen Genuss und Agape, zwischen Nähe ohne Enge? Träumen wir zusammen?

Man kommt nicht
als Frau zur Welt,
man wird es.
Der Mann ist das Subjekt,
er ist das Abstrakte.
Die Frau ist das andere.

Simone de Beauvoir, 1908-1986

Ihre Umwelt wartet auf Ihre verantwortliche
Mitgestaltung. Haben Sie das erkannt?

Verantwortung

Verantwortung heisst Mut zur Gestaltung. Heisst Neugierde statt vermeintlicher Zufriedenheit. Bei der Wahrheit zu bleiben. Unangenehme Fakten nicht unter den Teppich zu kehren. Aufgaben wahrzunehmen und anzupacken. Potentiale und Kräfte nutzen. Grenzen zu sprengen, Vorurteile zu überwinden.

Verantwortung bedeutet nicht Beliebigkeit. Kein Wegsehen, sondern Anfangen. Weniger abseits stehen. Frischen Wind zulassen. Einfluss auf unser aller Zukunft nehmen. Zu erforschen, was möglich ist. Nicht nur zu hören, was nicht geht.

Verantwortung ist der Schlüssel zu einer tragfähigen Beziehung, das Gegenteil von Opferhaltung. Opfer meinen, sie seien nicht verantwortlich für das, was ihnen widerfährt. Sie unterdrücken ihren Ärger, statt ihn in begegnender Kommunikation auszuräumen.

Verantwortung wahrzunehmen bedeutet, das Undenkbare zu denken. Sich der Generationengerechtigkeit bewusst zu werden. Nirgendwo kann sich etwas zum Guten entwickeln, wenn es nicht von verantwortungsbewussten Köpfen und Herzen vorausgedacht und getragen wird.

In der Verantwortung gestalte ich mein Selbst und meine Umwelt. Ich beweine nicht nur Schicksale, sondern erkenne meinen Mangel an Eigenverantwortung. Es sind Menschen, die Elend zulassen, die Strukturen schaffen und kein Abstraktum wie das Schicksal.

Wer leben will,
der muss über sich
selbst hinwegkommen,
muss sich verwandeln:
Er muss vergessen.

Und dennoch ist ans Beharren,
ans Nichtvergessen,
an die Treue,
alle menschliche Würde geknüpft.

Dies ist einer von den
abgrundtiefen Widersprüchen,
über denen das Dasein
aufgebaut ist.

Hugo von Hofmannsthal, 1874-1929

Wer verzeiht, lebt leichter. Spürten Sie
das auch schon?

Vergebung

Wer verzeihen kann, lebt leichter. Ich nehme nicht alles hin. Vielmehr lasse ich innerlich los. Ich leide nicht länger, sondern gestalte das Geschehene neu. Durch meine eigne Fehlbarkeit weiss ich um die motivierende Kraft der Vergebung.

Ich sage, wie ich gekränkt wurde. Ich drücke mich nicht um eine Aussprache. Sie gehört zu einer reifen Partnerschaft, zu einer tiefgründigen Freundschaft. So werde ich in meinen Gefühlen ernst genommen. So kann ich dem Gegenüber eine zweite Chance geben.

Meine Trennungen ließ ich nicht als seelisch unverarbeiteten Bruch verrotten. Ich bewahrte mir viele Kostbarkeiten und Sternstunden und öffnete mich für eine neue Zukunft.

Viele Menschen tragen schwer an ihrem Leben und schaden sich. Sie sind nicht bereit, sich selbst zu vergeben. Erlittenes Unrecht aufzuarbeiten und hinter sich zu lassen. Gerade als Christen sind wir aufgerufen, aus der Versöhnung zu leben und uns dem Nächsten nicht zu verweigern.

Wieviel Vergebung braucht der Mensch?
Soviel, wie er Liebe braucht.
Uns wieviel empfängt er?
Soviel, wie er liebt.
Liebe mich, wenn ich es am wenigsten verdiene. Denn dann habe ich es am nötigsten. Dies ist ein Hilferuf und die Hoffnung an Dich, meine große Liebe!

Ein verwundeter
Mensch bin ich.
Und ich möchte fortgehen.
Und endlich
Barmherzigkeit erlangen.
Wo man den Menschen erhört.
Der allein ist mit sich.

Giuseppe Ungaretti, 1888-1970

Fürchten Sie sich vor Verletzlichkeit?
Sie ist Zeichen Ihrer Humanität.

Verletzlichkeit

Unsere Liebe wäre um vieles einfacher, wenn wir sie als heile Menschen beginnen könnten. Wir tragen Verletzungen vor uns her: aus der Erziehung, aus früheren Partnerschaften. Viel Mut brauchen wir für neue Beziehungen. Die ganz anders werden. In denen wir Sehnsüchte und Erwartungen nicht nur auf unser Gegenüber lenken, sondern sie selbst erfüllen.

Ob ich die mir angemessene Lebensspur finde oder weiter fremdbestimmt werde, hängt von mir selbst ab. Wenn ich mich aussöhne mit der Vergangenheit und meiner Umgebung, kann ich weiter reifen. Dann wird innerer Friede sich ausbreiten können.

In allen Verletzungen liegen Chancen. Wenn ich meinen unverwundeten Kern aufspüre, werde ich affirmative Quellen entdecken, die das Leben bejahen. Verletzlichkeit verleiht meiner Seele Flügel. Selbstmitleid vermindert die Fähigkeit zum Glück. Es zementiert Verletzungen.

Verletzlichkeit bedeutet das Wohlwollen eines Menschen, der Leben bejaht. Sie ist damit mehr als ein unangenehmes Gefühl. Wer verletzlich bleibt, spürt Verantwortung für das kleine und große Ganze. Er denkt nicht nur an sich. Gerade deshalb ist er selbst von der Liebe erfüllt und menschlich bereichert.

Die Feinschmeckerei
ist die
Apanage des Menschen.

Jean Anthelme Brillat-Savarin,
1755-1826

Welcher Genuss verschaffte Ihnen zuletzt
reine Wonne?

Wonne

„Die Feinschmeckerei ist ein Vergnügen von Rang. Sie ist in der Unvollkommenheit dieser Welt ein klassischer Trost. Sie ist ein bedächtig sich sammelnder Höhepunkt, ein Quantum Friede unter jenen, die gerade das Feine schmekken", so François-Marie Voltaire.

Immer wieder finde ich mit Menschen, die mir guttun, Zeit zur kulinarischen Aufrüstung. Ein Dreiklang aus Dialog, festlicher Tafel und Genius des Ortes. Dann wird Genuss zur Muse der Lebenskunst. Mit einer Küche, die authentisch, bunt, wohltuend und anregend ist.

Der Wein muss sich mit der Speise vermählen. Um eine Region zu fühlen, wähle ich einen herben Landwein. Will ich Eleganz trinken, votiere ich für einen ausgezeichneten Bordeaux. Habe ich Lust auf unbändige Kraft, neige ich zu einem ausgereiften Cahors oder einem Cornas. Die italienischen Versionen heißen reinsortiger Sangiovese, als Saftbündel ein Ghemme oder ein alter Barolo.

Diese prallen, beerigen Aromen, dieser nie endenwollende Nachhall. Eine Inkarnation des Fleisches! Mein Ariadnefaden: Salate und Gemüse im Reigen der Jahreszeiten. Gekrönt von der Trinität duftenden Schwarzbrotes, jungfräulichem Olivenöl und gereiftem Käse. Immer frischer Fisch, auch Lamm oder Ziege.

Gerne lasse ich mich zu einer kulinarischen Entdeckungsreise verführen. Am liebsten in alle Regionen der Mittelmeerländer. Dann kann ich Gourmet sein, zuweilen auch Gourmand, einfach Lebenskünstler.

Leben ist das,
was einem begegnet,
während man auf die
Erfüllung seiner Wünsche
und Sehnsüchte wartet.

Max Frisch, 1911-1991

Sie haben drei Wünsche frei. Was wünschen
Sie sich?

Wünsche

Was wären wir Menschen ohne Wünsche und Süchte? Sterben wir nicht immer wieder vor Sehnsucht? Dieses Gefühl sollten wir nicht weiternähren, weil sich dahinter der Gedanke des Mangels verbirgt. Bleiben wir im Heute, im Hier und Jetzt. So können wir erfüllter leben.

Wünsche verschönern den Menschen. Sie sind das Gegenteil von Attentismus, von Resignation. Wenn ich mir aber die unerfüllbaren Wünsche, viele eitle Sehnsüchte versage, werde ich nach anfänglichen Entzugserscheinungen leichter durchs Leben schreiten.

So bewährt sich auch das Management einer Beziehung. Der Partner, dem ich mit Wünschen und Hoffnungen begegne, wird unerschöpflich. Ich sehe ihn als Forscher, als Ethnografen. Ich entdecke immer wieder neue Seiten beim anderen. So begreife ich die Formel von guten und weniger guten Tagen nicht als Fessel, sondern als Chance.

Vor allem Ziellosigkeit nagt als zermürbende Qual an unserem Dasein. „Ein Leben muss sich auf die Zukunft entwerfen lassen, wenn ich es als lebenswert empfinden soll. Mit dem Kopf an der Mauer leben allenfalls die Hunde...", meint Albert Camus.

Ohne Wünsche an den Alltag wird das Leben mühsam. Sie sind die Königswege zur Freude, zur Begeisterung, zum Staunen, zur Freundschaft. Das Schicksal wird immer neue Träume für uns bereithalten, wenn alte gehen.

Nichts
ist jemals ganz erobert.
Alles muss täglich
von neuem erkämpft werden,
oder es geht verloren.

Romain Rolland, 1866-1944

Welchen Schritt in die Zukunft haben Sie
zuletzt mutig getan?

Zukunft

Die Zeit ist nicht einfach Vergänglichkeit. Sie drängt zum Ziel. Das erst gibt der Zeit ihre fühlbare Wucht. Das verleiht der Zukunft den letzten Ernst. Wie soll es weitergehen im dritten Jahrtausend?

Der melancholische Blick zurück taugt nicht als hinreichende Antwort. Unser Land leidet unter einem gewaltigen Reformstau. Fortwährende Politikblockaden sind ein Ergebnis von Denkblockaden, besonders gegen die Gerechtigkeit zwischen den Generationen und den Völkern.

Entschlossenheit entlarvt den Glauben, dass in unserer aufgeklärten Gesellschaft Tugenden wie Güte, Großzügigkeit, Offenheit, Ehrlichkeit und emotionale Intelligenz Merkmale des Versagens trügen. Jede Entschlossenheit verleiht Mut, sie dennoch zu leben.

Wer die Gesellschaft voranbringen will, darf sich nicht nur in ihrer Mitte bewegen. Zukunftsträchtiges Handeln verlangt Rechenschaft über meinen Glauben und unser gemeinschaftliches Hoffen. Es gehört zum Wesen des Menschen, nicht ständig wesentlich sein zu können.

Menschen mit Zukunft ziehen ihre Lebenskraft aus verborgenen Wurzeln. Sie sind gut zu sich selbst und zur Nähe fähig. Sie sind sich ihrer selbst sicher. Sie entwickeln Visionen für Menschen, die ihnen anvertraut sind. In ihrer Seele gibt es keinen Dienst nach Vorschrift.

Wir existieren
im Wort, im Gespräch,
also auf den anderen hin.
Jedes Wort
hinterlässt seine Spur.

Romano Guardini, 1885-1968

War das heute ein Tag der Zuwendung und
dadurch ein Tag der Erfüllung?

Zuwendung

Was macht den Sinn unseres irdischen Daseins aus? Zuwendung zu üben und damit lieben zu lernen: mich selbst, die Mitmenschen und das Leben.

Eine Welt ohne Zuwendung wäre apathisch und lieblos. Nur wenn ich an den Leiden dieses Lebens Anteil nehme, bin ich Mensch. Marie von Ebner-Eschenbach meinte: „Zuwendung ist Liebe im Negligé". Zärtlicher und konstruktiver kann man Anteilnahme nicht ausdrücken.

Zuwendung

beginnt	mit Gedanken,
setzt sich fort	in Worten,
offenbart sich	in Taten,
öffnet sich	in meiner Verletzbarkeit,
nährt sich	aus Gefühlen,
bestärkt	mein liebevolles Urteil,
beherrscht	das emotionale Alphabet,
erprobt sich	in der Krise,
gelingt	durch Freude,
vollendet sich	in der Vergebung,
berührt	die Seele,
bedeutet	das Leben.

Zuwendung macht sinnlich, weil es Sinn macht: die Stärken des anderen zu erkennen und menschlich mit seinen Schwächen umzugehen.

Mein Finale, Ihre Ouvertüre

Was ist nun LEBENSKUNST? Wenn du glücklich sein willst, lebe. So der Rat von Leo Tolstoi. Dieses Buch habe ich auf meiner Lieblingsinsel Karpathos begonnen. Der Wecker war auf sechs Uhr gestellt, um den frühherbstlichen Sonnenaufgang zu erleben. Hüllenlos schwamm ich gen Osten, bis sich aus dem Meer des Dodekanes ein Feuerball erhob, der mich blendete.

Eine Strandläuferin schritt auf mich zu und fragte, ob das Wasser kalt sei. Ich konnte nur zurückrufen, dies sei eine Frage der Einstellung. Im Schein der sich mächtig erhebenden Sonne würde ich im Herzen glühen. Am Körper auch. Das Wasser, die Schöpfung, einfach wunderbar...

Die Maximen dieses Buches sind ein Angebot, Ihren individuellen Weg der LEBENSKUNST zu beschreiten, vielleicht neu zu definieren. Ich bin ihn vorausgegangen und lebe heute besser. Ich bereue nichts. Jeder Mensch der mir begegnete diente als Spiegel. Er war mein Lehrer. Ich suchte nach mir selbst. Ich fing an, mich ohne Vorbedingungen anzunehmen. Wir sind nicht dazu da, den Himmel zu verdienen, sondern den Himmel auf Erden mit zu schaffen, durch LEBENSKUNST.

LEBENSKUNST ist ein Verbum und keine Eigenschaft, ein Tun und kein Sein! Unterstreichen Sie jene Leitwörter, jene Fragen, die Sie besonders ansprechen. Die Ihre Seele berührt haben. Dies ist keine Lektüre im üblichen Sinne, sondern ein Kunstführer zu einer neuen Sicht auf Ihr Dasein. Veränderungsprozesse sind Lernanlässe: Ziele neu erklären, verborgene Fähigkeiten nutzen, gewohnte Grenzen überschreiten.

Wir machen uns so viele Gedanken über das Morgen. Ich erinnere mich täglich, dass mein Leben ein Prozess ist und nicht das Ziel. LEBENSKUNST heisst, nicht nur etwas erreichen zu wollen, sondern bereits die Reise dorthin zu genießen. Ich bin der Architekt meiner Physis und Psyche.

Das Wichtigste im Leben finden wir nicht durch intensive Suche. Sondern so, wie man Perlen am Strand entdeckt oder eine Sternschnuppe am Himmel. Sie finden uns.

Mit diesem Brevier wollte ich Sie in Ihrer LEBENS-KUNST begleiten. Sie gehen doch mit ...?!

Weitere Informationen zum Autor finden Sie im Internet unter:
www.bod.de/autoren/endres_fred.html

Fred Endres
Geschenkbücher / Lebenshilfen

Books on Demand

Maximen der Nähe
Impulse für ein erfüllteres Leben

2002, 120 Seiten
Paperback, 10 €
ISBN 3-8311-3937-7

Das Leben gelingt nach einem Programm, das wir erst tief in unserer Seele suchen und finden müssen. Dieses Buch enthält 52 Entwürfe und Ermunterungen, mehr NÄHE zu leben. In Beziehungen, in Freundschaften, im Beruf. Es vermittelt keine Patentrezepte, zumal es für Menschlichkeit keinen Organisationsplan gibt.

Es ist aber ein Geheimnis tragender Beziehungen, dass wir den Rhythmus des Alltags von Zeit zu Zeit mit Hochstimmung schmücken. MAXIMEN DER NÄHE sollen Sie dazu anregen, beflügeln, ermutigen. Sie möchten Impulse vermitteln, wie Sie Ihr Leben wirklich meistern können.

Dieses Buch ist für all jene geschrieben, die haltbare Beziehungen weder als Zufall noch als Glückssache ansehen, sondern als gewollte und gelebte Schöpfungen menschlicher NÄHE.

Es geht darum, der NÄHE Gelegenheit zu geben, dass sie reifen kann, damit sie sich ausbreitet. Nicht nur in unseren Träumen, sondern mitten im Herzen. So bahnt sich NÄHE den Weg zum Mitmenschen.

Bestellungen bei Ihrer Buchhandlung oder direkt mit der
ISBN 3-8311-3937-7 im Internet:
www.libri.de oder www.amazon.de oder www.bol.de